蔚蓝使命

港珠澳大桥建设
水上交通安全工作纪实

交通运输部海事局港珠澳大桥建设水上安全监督管理领导小组办公室
广东海事局港珠澳大桥建设水上交通安全监督管理领导小组办公室

编著

人民日报出版社
北 京

图书在版编目（CIP）数据

蔚蓝使命：港珠澳大桥建设水上交通安全工作纪实 /
交通运输部海事局港珠澳大桥建设水上安全监督管理领导小组办公室，
广东海事局港珠澳大桥建设水上交通安全监督管理领导小
组办公室编著. —北京：人民日报出版社，2021.1

ISBN 978-7-5115-4045-4

Ⅰ.①蔚… Ⅱ.①交… ②广… Ⅲ.①海上运输—交
通运输安全—工作概况—中国 Ⅳ.①U698

中国版本图书馆CIP数据核字（2019）第291469号

书　　名：蔚蓝使命：港珠澳大桥建设水上交通安全工作纪实
　　　　　WEILAN SHIMING : GANGZHUAO DAQIAO JIANSHE
　　　　　SHUISHAGN JIAOTONG ANQUAN GONGZUO JISHI
编　　著：交通运输部海事局港珠澳大桥建设水上安全监督管理领导小组办公室
　　　　　广东海事局港珠澳大桥建设水上交通安全监督管理领导小组办公室
出 版 人：刘华新
责任编辑：刘天一
封面设计：中尚图
出版发行：人民日报出版社
社　　址：北京金台西路2号
邮政编码：100733
发行热线：（010）65363528　65369512　65369509　65363531
邮购热线：（010）65369530　65363527
编辑热线：（010）65369844
网　　址：www.peopledailypress.com
经　　销：新华书店
印　　刷：河北盛世彩捷印刷有限公司
开　　本：710mm × 1000mm　1/16
字　　数：150千字
印　　张：10.5
版　　次：2021年3月第1版　　印　　次：2021年3月第1次印刷
书　　号：ISBN 978-7-5115-4045-4
定　　价：49.00元

伟大实践中的开拓经验与使命担当

　　交通，是国家得以运行和发展的基础之一，是兴国之要，强国之基，是经济社会发展的"先行官"。党的十八大以来，习近平总书记深刻把握新时代我国发展的阶段性特征，对交通事业发展作出了一系列重要论述，提出了建设"交通强国"的时代课题。全国交通同仁肩负使命，勠力推进交通运输的科学发展，在拉动国民经济、提升国际影响、促进区域互联、化解社会矛盾和有效改善民生等工作领域谱写了具有重大意义的新篇章。

　　2017 年 7 月 7 日，集多项"世界之最"于一身的世界级跨海大桥——港珠澳大桥竣工，把我国交通事业的发展再次提上了一个新的台阶。港珠澳大桥是迄今我国投资规模最大、技术难度最高、地域环境最敏感、水域条件最复杂、通航安全保障要求最高、海事监管服务难度最大的国家超级工程，筹备 6 年，建设 9 年，在粤港澳三地 15 年的携手奋进下换来的大国重器和中国奇迹。港珠澳大桥的建成，首次实现了香港、珠海和澳门的陆路连接，极大地缩短了港珠澳三地间的时间距离，对提升珠三角地区核心竞争力、促进港澳地区长久稳定繁荣、推动粤港澳大湾区稳步建设具有现实意义。大桥的成功建设不仅收获"新世界七大奇迹"的美誉（英国《卫报》），更是新时代建设"交通强国"的实践结晶与完美答卷。

交通要发展，安全放在前。港珠澳大桥的顺利建成，离不开负责大桥建设期水上交通安全监督管理组织协调工作的广东海事局大桥办的辛勤努力，从 2009 年 6 月起，广东海事局大桥办统一对外办理港珠澳大桥建设水上安全交通监督管理的相关工作，九年如一日，为港珠澳大桥的建设提供先进、精细、精致的安全管理和保障服务，最终取得"零事故、零污染、零伤害"的优秀成绩，为这一世纪工程的圆满完成添上浓墨重彩的一笔。

"三零"成绩的取得，离不开海事人三千多个日夜的默默守护，离不开交通运输部、部海事局的正确领导。建设初期，时任交通运输部副部长徐祖远就指示港珠澳大桥建设期的水上交通安全监管及保障任务尤为特殊且艰巨，要制定严密细致的预案，工作要早安排、早布置，措施要有针对性，责任要落实到位。

2013 年 8 月 12 日，交通运输部党组书记杨传堂批示肯定广东海事局构建安全生产责任链，为推动港珠澳大桥安全生产、科学施工创造了条件；提出力争实现"三零"目标和"监管到位、服务到位"的要求。①

2017 年 6 月 8 日，交通运输部部长李小鹏深入大桥建设现场，调研海事工作，指出"港珠澳大桥是我国建设交通强国征程中的重大工程"，"海事部门要继续配合建设，做好水上交通安全保障，为工程建设保驾护航"。

时任交通运输部副部长、港珠澳大桥技术专家组组长冯正霖多次视察港珠澳大桥，指出"港珠澳大桥的监管工作不同于以往，海事部门发挥了尤为重要的作用"，先后作出"精准护航、精细监管""总结港珠澳大桥协

---

① 2013 年 8 月 12 日，十三届全国政协副主席、交通运输部党组书记杨传堂在《人民日报内参》第 1167 期上作出重要批示，肯定了"广东海事部门确保港珠澳大桥施工安全"的作法：广东海事局认真履行职责，构建安全生产责任链，为推动港珠澳大桥安全生产、科学施工创造了条件。请部海事局进一步总结广东局的经验、推广广东局的作法，力争实现"零伤害、零污染、零事故"的目标，加强海事系统的"三化"建设，建设人民满意的中国海事。

调服务机制和科学取费制度化的良好经验"以及最终接头安装"精准精细、决战决胜"等指示。

2014年9月6日，时任交通运输部副部长何建中深入大桥建设现场指导海事工作，指示"为世纪大桥保'架'护航，打造三化人才培养基地，争创中国海事第一形象"。

部海事局先后三任局长陈爱平、许如清、曹德胜等领导也多次深入港珠澳大桥建设现场，调研、指导大桥建设水上交通安全工作。

将一部港珠澳大桥建设期间波澜壮阔的海事人奋进史浓缩在字里行间，《蔚蓝使命》一书正是在这样的历史背景下诞生的。本书以港珠澳大桥的筹备期和施工期海事局大桥办的安全管理和保障工作为主体内容，旨在讲述海事局大桥办的工作历程，全书叙述严谨，循序渐进，分为三个篇章，分别从海事局大桥办的工作实践、经验总结和使命担当三个方面展开描述。在第一个篇章，通过E15管节浮运事件引出"安全管理专职化、安全保障项目化"的工作思路，继而在该工作思路指导下开展整体规划，从而绘制海事局大桥办在港珠澳大桥筹备期和施工期的工作实践路线图；在第二个篇章，通过海事部门对水上安全监管模式打通"最后一公里"顶层设计模式的创新探索和实践，总结出"五大经验"和"三大创新"，打破传统，破茧出新；在第三个篇章，通过对海事局大桥办关于团队精神、工程定位、创新样本和海事梦想的描述，描绘出海事人的价值观和历史使命与担当。

《蔚蓝使命》的编辑出版，开拓性地将我国重大交通工程建设与安全管理和保障工作进行了严谨梳理、精细分析和科学总结，这一系列切实可行的宝贵经验已经形成有关国家行业标准，为未来我国乃至全世界同类工程项目提供了优秀样本。

　　承担蔚蓝使命，探索星辰大海。2018 年 10 月 23 日，习近平总书记在出席港珠澳大桥开通仪式后强调，"大桥建成通车，进一步坚定了我们对中国特色社会主义的道路自信、理论自信、制度自信、文化自信，充分说明社会主义是干出来的，新时代也是干出来的！"一部港珠澳大桥建设水上交通安全工作纪实，汇集的是全体海事人的奋斗和智慧，它是海事人工匠精神的集中反映，也是指导海事人砥砺前行的工具书；它是推动我国"一国两制"事业新发展实践过程中的见闻，也是体现了一个国家逢山开路、遇水架桥奋斗精神的外延；海事人以主人翁的态度，建设了一座圆梦桥、同心桥、自信桥、复兴桥，为实现海事梦、中国梦贡献了一份宝贵的力量！

目　录

概　述

不忘初心、牢记使命，是一个民族不断前进的根本动力。

脚踏实地、久久为功，是世纪工程迈向成功的制胜法宝。

历时九年，环境复杂，艰难困苦，玉汝于成，世纪工程的竣工举世瞩目。港珠澳大桥是迄今我国投资规模最大、技术难度最高、地域环境最敏感、水域条件最复杂、通航安全保障要求最高、海事监管服务难度最大的超级工程，是集多项"世界之最"于一身的世界级跨海大桥。大桥的成功建设离不开党和国家的全力指导和倾力支持，离不开一线建设者的奋力拼搏和匠心营造，离不开社会团体的鼎力支持、全面保障和通力协作。中华人民共和国海事局（交通运输部海事局）港珠澳大桥建设水上安全监管领导小组办公室、广东海事局港珠澳大桥建设水上交通安全监督管理领导小组办公室（两办合署办公，以下简称"海事局大桥办"），在中华人民共和国海事局（交通运输部海事局）港珠澳大桥建设水上安全监管领导小组和广东海事局港珠澳大桥建设水上交通安全监督管理领导小组的领导下，负责大桥建设期水上交通安全监督管理的组织协调工作，并自2009年6月起，统一对外办理港珠澳大桥建设水上交通安全监督管理的相关工作，海事局大桥办九年如一日，坚持不懈地为这一世纪工程提供了先进、精细、精致的安全管理和保障服务。

本书主要以海事局大桥办安全管理和保障工作为主体内容，旨在讲述海事局大桥办的工作历程。从时间的纵轴勾勒实践路径，介绍在港珠澳大桥的筹备期和施工期，海事局大桥办安全管理和保障的服务实践，详细介绍施工通航安全评估管理、海事行政许可管理、施工船舶安全管理、现场巡航监督管理、信息化管理与防台应急、航行与施工保障等工作；从空间的横轴展现海事局大桥办的创新方法，以"经验谈"和"创新点"为出发点，介绍海事局大桥办对于安全管理和保障的创新路径，总结出"科学手段""现代化服务""安全责任链""角色转变""治理现代化"五大实践经验，归纳为"问题导向谋划安全管理""工程思维指导安全保障""系统思维孕育制度成果"三大创新成果；从海事局大桥办的实践担当、政务工作创新、海事行业服务标杆、国家战略考量四方面，全方位、系统性地介绍海事局大桥办的工作和在港珠澳大桥建设中发挥的积极作用。

一、勇于实践担当

海事局大桥办的改革实践，是践行国家海事战略规划、完成国家治理现代化要求、开启海事部门行政管理改革试点工作的探索。在提供水上交通安全管理和保障服务的实践活动中，海事局大桥办围绕建设交通强国、海洋强国的国家战略部署和政府公共管理职能改革的要求开展实践工作，深入贯彻新的发展理念。

一方面，在提供水上安全管理服务实践中，海事局大桥办秉持"以人为本"的理念，坚持"群众路线"的方式，发挥"和谐与包容"的精神，做到一切工作的出发点都是为人民服务。同时，海事局大桥办始终提供体系化、程序化、科学化的海事服务，构筑水上安全生产责任链，坚持"一切工作方式、工作理念、工作出发点都立足于"最广大人民的根本利益"

的理念，彰显民生情怀，重视协作共赢、与大桥建设的和谐共生、与人民群众的紧密联系，努力打造"容于人、利于物、善于民"的海事工作新局面。权为民所用，情为民所系，利为民所谋。海事局大桥办坚持问政于民、问需于民、问计于民，在伟大实践中汲取智慧和力量。

　　另一方面，在提供水上安全保障服务实践中，海事局大桥办发挥"廉洁与奉献"的精神，建立科学有效的工作人员管理和职责分工体系，将"三有利、五统一"① 的工作原则内化为具体制度。同时，海事局大桥办在学习党的十八大、十九大精神和习近平总书记系列讲话的基础上，结合具体工作实践，探索出海事部门公共治理转型的模板，推动海事行业践行党中央治国理政的要求。首先，海事局大桥办实施善政，完成"治理"模式的转变。其次，海事局大桥办实施理政，构建新型海事治理观，包括"多元主体"的新治理观、"公共服务"为核心的新职能观、"合作者"与"服务者"为主的新角色观、"服务型政府"的新政绩观、发挥人民群众力量的新政社观、制度化的新管理观六个方面。最后，海事局大桥办实施法政，建立海事治理的复合体系，将"党的领导""以人为本""依法行政"三大机制有机结合，构成了海事行政体制改革和治理现代化的"三位一体"的复合体系，发挥合力效应。

二、创新政务工作

　　改革开放以来，政府部门经过四十年的政务改革，取得了有目共睹的成效。行政执法方式逐渐从"统治"转变为"治理"，坚持"有法可依、

----

① 有利于发挥海事管理资源综合效能、有利于施工现场管理的组织实施、有利于为施工单位提供便捷服务；统一对外协调，统一对外办理海事政务工作，统一组织海事管理及协调施工安全保障服务工作，统一制定安全管理、航海保障要求和规定，统一对外商定通航安全保障有关费用。

有法必依、执法必严、违法必究"，公共治理朝着科学化、现代化、法制化的方向发展，尤其是党的十八届三中全会提出"全面深化改革的总目标是完善和发展中国特色社会主义制度，推进国家治理体系和治理能力现代化"。海事局大桥办在提供水上安全管理和保障服务的实践活动中，以中国海事"革命化、正规化、现代化"建设为统领，将"活力与创新"精神付诸实践。

在党中央从严治党等相关要求的指导与部署下，海事局大桥办探索创新内部人员管理机制，制定了《大桥办廉政风险防控工作手册及内部管理制度》。一方面，海事局大桥办压缩权力总量，确定内部行政管理各部门的权责范围和限度，遵循党的十八届四中全会提出的"不应该用权力限制权力，应该用人民的权利、用法律法规来约束权力"要求，依法行政。另一方面，海事局大桥办组织行政人员学习习近平新时代中国特色社会主义思想，培养行政执法人员的正确价值取向、道德规范和行为规范。

不止于反腐倡廉，政务创新的目标更在于使管理制度朝着现代化、高效化、法制化、廉政化、国际化方向发展。为此，海事局大桥办秉持着"为人民服务，受人民监督，让人民满意"的工作宗旨，把"公开、便民、高效、规范、廉洁"作为工作方向，努力提供让各方满意的优质、高效、快捷的"一站式"服务。在大桥的前期筹备和施工建设阶段，海事局大桥办深化海事政务服务体制改革和创新实践取得了良好成效。

为将政务创新模式推广到全国海事行业和海事部门的政府公共职能改革中，海事局大桥办总结出深化政务服务创新的具体途径。在政治途径层面，海事局大桥办以服务为核心，认识到改革重点是将服务意识贯穿于行政管理的每一项工作中，深知政务服务的生命力在于为人民群众的根本利益提供最务实的服务。在法律途径层面，海事局大桥办通过交通运输部海事局给予地方海事部门改革发展的阶段性政策建议和经验为指导，提供一般性的政策性指导，进而推动全国范围内海事部门"服务型政府建设"和政务服务创新改革。在管理途径层面，海事局大桥办推动内部管理体系改革，使参与建设的各个行为主体和管理机构的相关业务成为一个有机整体，凝聚全体力量，充分发挥集聚整合作用。

三、争做海事行业服务标杆

海事局大桥办肩负"全力保障工程建设和水上交通安全"的责任，秉持创新意识，不断探索，在服务实践中不断激发新思维、新思路，开启改革创新之路，开展海事管理模式体系化、科学化、制度化的试点工作，开拓水上安全保障项目化、工程化、现代化的新路径。

1. 深入细化的全局设计："四个一"① 的海事管理服务新模式

港珠澳大桥建设水上交通安全工作面临的一大困境是"多头管理"。为了解决这个问题，海事局大桥办立足于"三有利"的工作原则，在提供水上交通安全管理服务实践中贯彻落实"安全管理专职化、安全保障项目化"的工作思路。海事局大桥办海事管理创新实践的核心为发展安全管理的传统模式，简化管理事权，打破涉水区域的行政划分传统，建构"四个一"的海事管理服务新模式，完成全新的全局工作设计。如何解读"四个一"的海事管理服务新模式？相比于传统的管理模式，这个新模式究竟"新"在何处？

首先，在组织层面，交通运输部海事局成立了交通运输部海事局港珠

---

① 一个机构对外、一个窗口办事、实行一套规则、执行一个指令。

澳大桥建设水上安全监管领导小组，广东海事局成立了广东海事局港珠澳大桥建设水上交通安全监督管理领导小组，领导小组下分设办公室，合署办公。通过专门成立领导小组并设立办公室的组织机构创新，打破传统海事行政区域划分，将分散的涉水工程的海事事务和行政审批事权集中收回、优化、整合。统一后再将管理事项、权力、人员授权海事局大桥办统一行使，从而建立起以海事局大桥办为主体的"统一对外"行政执法机构体系，解决了往来船舶、业主、港航企业、施工单位需要一次性面对多个海事行政单位的顾虑。

其次，在内容层面，"统一对外"包括"五统一"的工作内容。在实践中，以海事局大桥办为核心的"统一对外"机构体系发挥着关键性作用，遇到任何与工程建设、水上安全保障、行政手续审批等相关的问题，都保持统一口径，采取统一行动，共同迎接挑战、承担责任。这样既可以避免一些行政执法人员"不作为、乱作为、权限重叠、推卸责任"的问题，又可以集中行政管理的权力和权威，构建垂直高效的组织架构，赋予海事局大桥办全面的管理职责，让服务对象认可这一"统一对外"的政府机关。

最后，在管理层面，在构建以海事局大桥办为核心的统一机构体系后，全体行政执法人员都遵循"四个一"的管理模式。在这套"层级清晰、权责分明、关系明确、协调顺畅"的垂直管理体系中，海事局大桥办实现了行政许可、行政实施和行政监督"三分离"模式，为海事机构政务改革提供了参考模板。

2. 全方位的机制创新："五级金字塔体系"的通航安全保障工作管理制度

"创新务实，解决问题，保障安全"是海事局大桥办工作人员的行政法则，为了提供高效、优质的安全保障服务，海事局大桥办实行制度化管理，全方位地创新现有水上交通安全保障机制，围绕着通航安全保障工作建立了"五级金字塔综合管理体系"。

"五级金字塔综合管理体系"主要包含涉及通航安全保障工作的五个层面的制度文件：第一层级为《港珠澳大桥建设水上交通安全监督管理总预案》，该预案重点阐述了监管工作内容、监管总体思路、监管总体方案、航海保障方案和应急处置方案等，是实施港珠澳大桥建设水上交通安全工作的纲领性文件，由海事局大桥办牵头编制，经交通运输部海事局港珠澳大桥建设水上安全监管领导小组第一次会议审查通过后，由部海事局于2009年11月24日印发。第二层级为《港珠澳大桥主体工程建设通航安全保障合作框架协议》，在请示部海事局粤港澳三地建设安委会同意后，广东海事局与港珠澳大桥管理局正式签署合作框架协议，协议中双方同意本着"精诚合作、务实高效、实现双赢"的原则，发挥各自优势，根据协议约定共同维护主体工程建设水域良好的通航环境和通航秩序，保障大桥建设的顺利实施。第三层级为《港珠澳大桥主体工程建设通航安全保障总体规划方案》。广东海事局与港珠澳大桥管理局联合印发实施。总体规划方案主要就工程范围内的专项工程及通航安全保障等各项具体工作的原则和内容进行了明确，初步规划了各项工作的实施方式和实施计划，并对安全保障费用进行了匡算。第四层级为"实施协议"，主要包括通航安全保障专项课题研究实施协议、宣传与宣贯实施协议、海事监管与服务实施协议、海事监管设施设备配置实施协议、海事现场巡航与监管、港珠澳大桥桥区水域应急指挥及管控中心建设实施协议等6个实施协议，明确了工作内容与方式、费用组成及结算、费用支付、责任与义务等内容。第五层级为相关的实施细则、现场工作指南和业务办理指南等，主要用来确定具体保障工作的流程和实践活动。

"五级金字塔"体系的构建体现了海事部门职责观的转变，由施工安全保障的旁观者，发展为工程建设的直接参与者、合作者。海事局大桥办履行着管理、服务、咨询三位一体的全新工作机制，为我国大型涉水工程建设探索出一条科学的现代化道路。

海事部门将港珠澳大桥工程建设的整个安全保障工作作为"安全工程项目"进行科学组织和管理，全程参与港珠澳大桥施工组织方案设计，根据施工进度需要编制配套的安全保障工作方案，让安全保障工作与工程进度协调一致，保证安全工作的科学性、计划性和全局性；按照"项目化管理"模式，将安全保障费用纳入工程概算，通过和港珠澳大桥管理局签订协议的法定方式，确定了安全保障工作的职责分工和费用安排，建立起一套"事前有预算，事中有监督，事后有审计"的取费制度，实现了安全保障资金计算、管理和使用的标准化、制度化、规范化和阳光化。

四、响应国家战略

立足全球。进入 21 世纪以来，国际格局发生了深刻而巨大的变化。随着世界多极化、经济全球化、区域经济一体化趋势的不断增强和科技日新月异的高速发展，世界各国综合实力的竞争日趋激烈，日益凸显出各国经济发展不平衡的问题。我国经过 40 年的改革开放，社会主义现代化进程不断推进，国际影响力显著增强，在世界经济格局中的地位不断上升，进入重要战略机遇期。

心系港澳。港珠澳大桥的建设，将成为连接香港、澳门和珠海的跨海陆路通道，通过发挥香港、澳门的地理、经济、政策等优势，带动香港、澳门及珠江三角洲地区的经济互联互动发展，提升区域合作能力，为粤港澳三地迎来新的历史发展机遇。

履行国策。港珠澳大桥是"一国两制"基本国策指导下粤港澳三地首次合作建设的大型交通基础设施。它的建设不仅是粤港澳三地密切合作的体现，表明了我党促进港澳地区长期繁荣稳定的信心与决心，也是我党"道路自信""理论自信""制度自信""文化自信"和我国不断增强的综合国力的体现。港珠澳大桥是我国高水平装备制造业的有力代表和"新名片"。

践行战略。港珠澳大桥是集多项"世界之最"于一身的世界级跨海大桥，是国家"十三五"重大工程和《珠江三角洲地区改革发展规划纲要（2008—2020年）》确定建设的重大交通基础设施项目，是连接粤港澳三地的重要便捷通道，是我国重大基础设施建设中具有全局意义、长远意义和战略意义的世纪工程。在2017年召开的全国"两会"上，"粤港澳大湾区"被写入政府工作报告，上升为国家对外开放的发展战略，使得粤港澳大湾区成为与东京湾区、纽约湾区和旧金山湾区相媲美的世界第四大湾区。粤港澳大湾区也将推动我国在经济新常态下的转型发展，推动供给侧结构性改革，同时发挥带动全球经济发展和引领全球技术变革的先驱作用。

服务"一带一路"倡议。港珠澳大桥横跨粤港澳三地，在珠江口形成了连接深港、广佛和珠澳三大经济圈的闭合快速路网体系，成功连接了世界最具活力的经济区，形成粤港澳大湾区城市群空间结构的重要骨架，为打造粤港澳大湾区提供了便利的交通运输条件，对香港、澳门、珠海三地经济一体化意义深远。与此同时，港珠澳大桥的建设及粤港澳大湾区的崛起，将加快广西、湖南、江西等地的产业梯度转移，使其产业要素加速到达北部湾和南宁等地，形成面向东盟的海陆国际大通道，成为我国"一带一路"倡议的重要枢纽。

　　海事局大桥办不忘初心、牢记使命，脚踏实地、久久为功，和千千万万海事人一起，共同铸就海事梦，为建设社会主义现代化强国、实现中华民族伟大复兴的中国梦当好先行军！

第一部分　实践路线图

引子：惊心动魄的E15管节浮运

　　"长风破浪会有时，直挂云帆济沧海。"港珠澳大桥沉管隧道由33个管节、1个最终接头组成，标准管节长达180米、重约8万吨，要将这庞然大物以平均1节的航速从桂山牛头岛拖运到施工水域，必须穿越或占用榕树头航道、伶仃航道、铜鼓航道等多个珠江口最繁忙的航道，能否保证在拖运过程中不出一丝纰漏，能否保证沉管在安装过程中风平浪静、没有任何突如其来的浪涌，尤为关键的一环，就在于海事部门是否能完成好保驾护航的任务。

　　每一节沉管的浮运和沉放安装，对于海事局大桥办来说都是一次挑战和考验。

　　按照《港珠澳大桥岛隧工程沉管浮运与安装水上交通安全工作手册》的要求，33节沉管和1个最终接头的安装工作从施工安排上分六个阶段进行。沉管浮运与安装的施工频率计划每月一节或每月两节，工作是重叠的，但工作强度和管理精细度，却不能存在半点疏忽。港珠澳大桥施工高峰期，伶仃洋上有近千艘施工船舶、上万名施工人员同时作业，可想而知，如果安全保障工作不到位，不仅施工作业计划无法正常推进，甚至可能触发水上交通事故，影响施工进度和航道通航，造成不可接受的损失和后果。

　　不过，在珠江口这样环境复杂的海域，施工过程中的突发状况永远也无法完全避免。

　　2014年11月16日，岛隧工程E15管节在沉放前遇到突发情况，管节于凌晨3时浮运至施工现场后，因海底水流异常无法按计划沉放，需实施回拖作业。这是大桥建设以来首次面临管节回拖。

　　沉管回拖，打乱了原定的水上交通计划。伶仃航道等相关航道在计划封航时间结束后已恢复通航，成百上千艘因为交通管制积压的进出港船舶开始进入沉管回拖航经水域。要在这样的情况下对如此庞然大物实施回拖，极易发生水上交通安全事故。一旦回拖船舶、沉管和过往的船舶发生碰撞，后果将不堪设想；但如果不实施回拖，让 E15 管节停泊在系泊水域，下一次安装窗口最少要再等待 13 天，其间如果发生冬季寒潮大风、过往船舶误闯、施工船舶失控等情况，所造成的沉管安全及水上交通安全问题，其结果同样难以接受。此时，无论回拖与否，都必须面对空前巨大的安全挑战和安全风险。这势必是一场硬仗，是对大桥办应急处置能力的一次全新考验。

事发突然，海事局大桥办发挥了交通安全保障工作的"紧急作战指挥部"的作用，迅速反应，立即启动应急预案，在最短的时间内形成了《港珠澳大桥岛隧工程 E15 管节回拖水上交通安全保障工作方案》。

从 2013 年 5 月，第一节沉管安装成功，到 2017 年 5 月，最终接头精准对接，在近 1500 个日夜的守护里，海事局大桥办以每一次都是第一次的理念，落实每一节沉管浮运和安装的安全保障工作，共开展演练 5 次，累计出动海事船艇超过 400 艘次，发布航行通告 140 余次，播发即时安全信息超过 10 000 条，拦截船舶超过 600 艘次；设置、调整和恢复航标 130 余座；取消、调整作业窗口 10 余次，紧急应对回拖 3 次，更经历过通宵护航、与回淤和最强寒潮赛跑等"艰难战役"，妥善应对了基床异常回淤、边坡塌方、大径流、异常波浪等造成的水上突发事件和安全难题的挑战，圆满完成了 33 节沉管和最终接头的浮运与安装安全保障工作。

成功只会眷顾奋进者。岛隧工程沉管隧道建设圆满成功的背后，饱含着无数海事人的涓涓深情和默默付出。

第一章 整体规划

第一节 统筹全局的工作思路

港珠澳大桥建设水域是我国港口密集度最高的水域，是横跨大型船舶进出珠三角的唯一出海通道，每天航经船舶最高达 4000 艘次，年运送旅客达 2200 万人次。同时，大桥所在水域通航环境极其复杂、水文气象条件极其多变，也是水上交通事故易发的敏感区域。传统大型涉水工程的施工经验表明，缺少海事部门参与的前期筹备工作和协调机制，往往造成后阶段工作被动和衔接不畅的局面。因此，早在 2008 年大桥筹备阶段，在交通运输部海事局的领导和大力支持下，海事部门主动介入，提前谋划，前瞻性地提供水上交通安全管理和保障服务。

海事局大桥办在深入了解大桥建设计划和水上交通安全方面的需求后，敏锐地意识到，要完成大桥建设水上安全管理和保障工作，细枝末节的修修补补已经不能满足工程需要和通航需要，必须在思想观念上冲破桎梏，突破传统思维定式；必须以创新思维为源头，认真做好顶层设计规划；必须开展创新探索，建立起高效便捷的服务体系。于是，海事局大桥办逐渐探索出"安全管理专职化、安全保障项目化"的工作思路，并以其指导实践工作、谋划整体布局、规划具体方案。

一、前期筹备阶段：理论指导实践

为了全面做好港珠澳大桥通航安全管理和保障工作，海事局大桥办以信念激励团队，以规制管理人员，以理论指导实践；深知"信念迸发活力，目标催生动力"，便将凝聚团魂、树立信心摆在筹备工作的首位；意识到"无规矩不成方圆"，便率先制定相关规章制度、明确工作人员行为准则。同时，在开展具体实践工作前，海事局大桥办要求工作人员以"人民满意"为宗旨、以"革命化、正规化、现代化""中国海事为港珠澳大桥提供优质安全服务"为总体要求、以高度的政治责任感和使命感全面履行海事工作职责、以创建港珠澳大桥平安水域为抓手，全力保障大桥工程安全建设和航运健康发展。

在筹备期，海事局大桥办遵循"安全管理专职化、安全保障项目化"工作思路，围绕"提前谋划全局、策划保障方案、比选工程保障方案、优化施工安全方案"四方面，开展具体实践工作。第一，提前谋划全局，了解施工建设方的工作计划和水上安全作业需求。第二，策划保障方案，深入研究工程建设方案，及早制定海事管理服务工作方案和施工安全保障方案，提高通航安全保障工作的针对性和有效性。第三，比选工程保障方案，根据珠江口通航环境实际，分析不同建设方案在通航方面的施工难度、通航保障难度以及对通航环境影响程度，为建设单位比选方案提出通航安全方面专业意见和建议。第四，规范保障费用，全面预判通航安全保障工作内容，分析涉及人员、船艇和相关设施设备的投入，推动通航安全保障相关费用纳入工程概算。

二、施工建设阶段：实践出真知

（一）"安全管理专职化"：弥补管理模式现状的劣势

港珠澳大桥建设水域水上交通安全管理涉及粤港澳三地海事部门，其中主体工程建设水域横跨深圳海事局、广州海事局和珠海海事局，而大型构件运输的航经水域又涉及中山海事局和东莞海事局等，如果仍沿用原有的海事管理模式分散管理，事实证明既不太适用于这一超级涉水工程，也难以被建设单位和施工单位所接受。原因之一在于原有的安全管理模式具有被动性，缺乏主动服务意识。原因之二在于跨辖区的分散管理给业主、施工单位等造成一些工作上的不便，难以有效促进施工。原因之三在于"多头管理"缺乏互相协调和沟通机制，难以形成监管资源的有效整合，政府工作效率和效能低下，管理效果大打折扣。原因之四在于港珠澳大桥建设水域作为一个整体，制定了极高的安全标准，也迫切需要一个专门的海事机构来集中、统一做好对外办理、统筹协调等各项涉及水上交通安全的相关工作。总之，如果照搬照用原有的管理模式行事，海事局大桥办将束缚手脚，无法有序履行职责，也无法有效提供服务，弥补弊端，开拓创新迫在眉睫。

在实地考察大桥建设涉水区域后，广东海事局意识到，原来分散管理的现状弊端凸显，如果延续使用，必将产生"协调难""管理难""维护难"的问题。所以，必须重新构建顶层设计，规范广东海事机构内部管理。同时，拓展合作范围，搭建粤、港、澳三地海事机构协调机制。

1. 加强权责协调，规范海事机构内部管理

开展港珠澳大桥建设水上交通安全监管是海事履行职责、服务国家重点工程和经济建设的本职要求，对维护珠江口水域航行安全、工程顺畅和

防止船舶对水域污染具有重要意义，因此，为贯彻落实原交通运输部李盛霖部长关于"海事部门要主动服务地方经济建设"的指示要求，做好港珠澳大桥建设期的水上交通安全，树立负责任的政府部门形象，在成立交通运输部海事局港珠澳大桥建设水上安全监管领导小组和广东海事局港珠澳大桥建设水上交通安全监督管理领导小组的同时，下设联合办公单位——海事局大桥办。海事局大桥办将分属于广东、深圳海事局的权责协调统一起来，具体承担领导小组日常协调组织工作，并统一对外办理涉及港珠澳大桥建设水上交通安全监督管理的相关工作。

"海事局大桥办多年来的经验成果，可以总结为'两化'，分别是'安全管理专职化''安全保障项目化'。"海事局大桥办常务副主任梁德章说。

"安全管理专职化"要求海事局大桥办对外统一办理海事政务工作。海事局大桥办按照国家政府部门行政审批制度改革的要求，结合港珠澳大桥建设海事业务办理需要，既注重监督管理，又强调主动服务。观念转变拉动实践改变，海事局大桥办建立"一站式服务"，要求工作人员的行政态度由"要我管理"变成"我要管理"，主动为大桥建设提供服务，积极与施工建设团队沟通；主动了解现存问题和需求，积极咨询专家、研究分析相应对策，将水上交通安全保障与工程建设融为一体。

"安全管理专职化"要求海事局大桥办对内建立统一工作实施程序和沟通协同机制，即新型海事管理模式。在此管理模式下，海事局大桥办要求广东、深圳、珠海海事部门分别组建现场专职队伍，按照《总预案》中"实施分区管理"的要求，具体实施各施工区段现场安全工作；建立我国第一个海上海事处——广州港珠澳大桥海事处；在施工现场，设置管理趸船，合理布置行政管理资源。同时，为了统筹管理各个专职队伍，海事局大桥办建立沟通机制，为相关行政部门提供讨论工作、协调权责范围的平台。在此平台上，各个区域的海事部门共同探讨单个工程的施工方案、策划保障方案、落实分工计划；共同规划桥区水域，制定规矩，厘清责任。

2. 拓展合作范围，搭建粤、港、澳三地海事机构协调机制

港珠澳大桥是粤、港、澳三地政府首次合作共建共管的大型基础设施建设项目，由于部分建设水域处于港、澳海事机构的管辖范围内，水上施工交通安全管理工作涉及粤、港、澳三方海事机构，因此，海事局大桥办必须拓展合作范围。

三地首次合作，共同拓展合作范围的过程并非一帆风顺。一方面，三地海事行政程序和要求不同，众多港航企业不了解海事局大桥办的工作机制，而众多内地业主单位也不了解港、澳两地海事部门的工作流程，在不同地区的"服务者"和"被服务者"互相不了解的情况下，政府行政审批工作效率相对较低。另一方面，三地海事机构缺乏在跨区域大型涉水工程上的合作经验和合作基础机制。因此，作为"服务者"的政府部门之间需要进行沟通，形成一套清晰明确、统一对外的工作程序。而作为"协调者"的海事局大桥办发挥沟通联络作用，促使三地海事部门在实践中突破固有管理模式，搭建粤、港、澳三地海事机构协调机制，形成一套"层级清晰、权责分明、关系明确、协调畅通"的横向管理体系。

"安全管理专职化"的工作思路意味着"挑战与机遇同行"，若想解决"协调难""管理难"的问题，必须率先建立便捷高效的管理格局，明确三地政府的权责范围，明晰安全管理专职化领域。海事局大桥办创造性地提出"七线四区三域网格化管理模式"。同时，为了保障行政工作的专业性，提升管理工作的科学性，海事局大桥办组建航标、海测、基建、技装四个海事专业技术支持小组和专家顾问团队，统筹技术支持，使分散的海事资源得以最有效的发挥和运用，统筹资源配置使管理资源得到最有效配置。

在"安全管理专职化"的指导下,海事局大桥办以"解决现实问题、弥补传统管理模式弊端、创新管理路径"为目标,以"颠覆顶层设计,规范广东海事机构内部管理,对外统一办理海事政务工作,对内建立统一工作实施程序和沟通协同机制,建立现场专职队伍;拓展合作范围,搭建粤、港、澳三地海事机构协调机制"为抓手,既落实了水上交通安全管理责任,实现了管理和服务"双前移",又发挥了专职队伍熟悉辖区水域环境的优势,推动行政力量朝着"主动作为、高效调动、统一指挥和快速反应"的方向发展,践行着"扎根大海,服务大桥"的奉献精神。

(二)安全保障项目化:开启新型保障机制的大门

在实地考察大桥建设水域、开展筹备阶段实践工作后,海事局大桥办意识到,相比于国内其他重大涉水工程,大桥涉水区域水上安全保障工作更加复杂;相比于具有专业海事技术和经验的政府部门,施工单位和社会力量无法承担大桥建设安全保障工作。复杂的自然环境、现实的工作难题、政务部门改革的契机都要求海事局大桥办在思想上突破传统思维定式,改变"安全保障由施工单位负责落实"的业界惯例,主动承担安全保障相关工作,并开创性地提出"安全保障项目化"的工作思路,开启新型保障机制的大门。

"安全保障项目化"要求海事局大桥办开展"史无前例"的试点工作。在吸取国内其他跨海大桥系列安全问题的经验教训的基础上,为了解决好"施工单位和社会力量无法承担大桥建设安全保障工作"的现实难题,海事局大桥办开展"安全保障由政府部门负责落实"的试点工作,逐渐从大桥的管理部门转变为大桥的参与者、合作者和建设者。由于缺乏经验指导,海事局大桥办只有在不断的实践中,调整工作方案,探索"安全保障项目化"的保障工作思路，并开展试点实践工作，不断创新并完善保障路径。

"安全保障项目化"要求海事局大桥办建立新型保障机制。在提供安全保障服务的实践工作中，海事局大桥办将工作思路细化为"安全保障项目化"的发展路径，将为保障项目建设而开展的施工水域警戒、大型拖带保障、临时航道保障和航海保障技术支持等安全保障工作作为一个项目，将海事局大桥办所管辖的所有政府行政人员视为一个项目组，按照项目化概算管理要求组织相关单位具体实施保障工作，以实现通航和施工安全工作的统一性和有效性。同时，海事局大桥办明确责任主体和职责分工，规定所有安全保障工作都由政府部门统一负责，所有"安全工程"都由海事局大桥办统筹科学组织和管理实施。

"安全保障项目化"要求业主（或建设单位）将保障费用纳入工程概算。保障资金的来源是海事局大桥办开展安全保障工作的首个难题，也是必须要克服的难关。按照国内重大涉水工程建设管理的传统，水上工程安全保障一般在工程预算和施工费用中没有明确，通常是第三方承担施工建设水上安全保障工作，收取服务费用。在此过程中，海事部门承担管理者角色，对水上通航安全保障只停留在审查、监督层面，而且目前我国直属海事管理机构已转为公务员编制，其经费来源主要依靠财政拨款，没有多余的资金来支付保障工作。为了避免施工团队误解政府部门承担保障工作的意图，避免建设期间多次与业主单位协议保障资金问题，海事局大桥办将解决保障费用的来源问题作为重点工作，经过与施工单位和业主企业多次谈判和协商，一致同意将保障费用纳入工程概算，并通过《港珠澳大桥主体工程建设通航安全保障合作框架协议》等系列协议，以法定形式确定"保障费用"的具体内容和运行机制。

第二节　"统一对外"的海事机构体系

2014 年 9 月 6 日，时任交通运输部副部长何建中一行考察港珠澳大桥建设现场。在考察过程中，何建中一行深入大桥施工作业和海事管理一线，慰问一线施工人员和海事人员，了解大桥建设海事管理服务工作情况，征询大桥建设单位对海事工作的意见和建议，对进一步加强大桥建设海事管理服务工作提出了要求。在全面了解大桥建设海事管理服务工作情况后，何建中充分肯定了海事局大桥办构建的"统一对外"的海事机构体系，认为交通运输部专门成立协调机构，广东海事局专门成立大桥办，统一组织协调、管理和实施大桥建设海事安全管理和安全保障服务，为优质海事服务和保障奠定了机构上的保障和管理资源上的保障。海事局大桥办的"一站式"服务很有特色，是一种动静态管理服务相结合模式。

得到何建中肯定的海事机构体系究竟是如何构建、如何运行、如何发挥"特色"作用的？

一、前期筹备阶段：体系显雏形

在港珠澳大桥筹备阶段，海事局大桥办实地走访参建单位时，听到施工建设团队和多家业主单位不断抱怨，为了办理一件行政审批事项，需要奔走于不同城市的不同海事部门，拉低了施工效率。不仅如此，群众也不断反映"办事难""办事慢"的问题。海事局大桥办正视现行管理体制存在的弊端，为更好发挥"服务者"的作用，率先优化海事许可程序和相关工作制度。

一方面，海事局大桥办遵循"三有利、五统一"的工作原则，要求相关单位在实践工作中，落实"有利于发挥海事管理资源综合效能，有利于施工安全管理的组织实施，有利于为参建单位提供便捷高效服务"和"统一对外协调，统一对外办理行政许可事务，统一协调现场管理业务，统一制定安全管理要求和规定，统一对外商定管理设备、设施配套和有关费用补偿"工作原则。另一方面，海事局大桥办率先实施行政审批、管理、监督三分离的管理模式，牵头制定"统一受理、集中办公、联合会审、统筹实施"行政审批工作办法，缩短申请材料流转时间，形成"七线四区三域"网格化工作模式。

在前期筹备阶段，为了最大限度地方便建设单位和施工单位、解决群众"办事难"的问题，海事局大桥办初步构建了一套"层级清晰、权责分明、关系明确、协调畅通"的管理体系，最大限度集中了管理资源，创新了管理方式，优化了行政程序，增强了执行力，实现了一枚公章［中华人民共和国广东海事局通航安全管理专用章（02）］解决所有审批业务。

二、施工建设阶段：机构渐完善

（一）突破固有模式，建立"一站式服务"的机构体系

虽然在筹备前期，海事局大桥办已经初步构建了一套新型管理机制，但是在施工建设初期，部分建设施工项目的海事行政许可工作仍需要往深圳、广州、珠海等多地办理，存在效率低下和跨辖区管理等问题。为了有效解决该问题，海事局大桥办认真组织研究，创新思路，统一思想，转变职能，积极探索并完善符合大桥建设的海事行政许可管理机制。最终在2009年探索出"一个机构对外、一个窗口办事、实行一套规则、执行一个指令"的海事管理模式。

海事局大桥办在突破固有模式，建立"一站式服务"的机构体系时，始终秉持着"服务大桥和民生"的理念，始终贯彻"安全管理专职化"的思路。

一方面，海事局大桥办根据国家政务体制改革的大趋势，积极转变海事行政职能，以满足大桥建设需要为出发点搭建工作机构。以提供海事专业服务为指引，统一收回、优化、整合分散的海事事权；以问题为导向，从简化事权和方便群众角度出发，交通运输部海事局首次建立了部海事局牵头，为单一水工工程成立的管理组织架构。同时，将部海事局大桥协调机构和广东、深圳、广州、珠海海事相关机构组合成一个协调办事机构（海事局大桥办），首次成立专门服务国家重大涉水工程的组织机构，直接在建设、施工单位集中的总营地设办公点，推行"一窗受理、一站服务"零距离的便利、贴心服务，将管理机构变成服务部门，填补了"最后一公里"的服务短板。

另一方面，海事局大桥办从广东海事局、深圳海事局分别选调业务骨干作为工作人员。首先，按照"全国海事一家人，水上监管一盘棋"的工作理念和"最有利于安全、最有利于管理"原则，突破现有辖区管理局限，将广东和深圳两个海事机构的大桥管理水域看成一个整体水域，进行统一管理，并在系统内部选调一批政治思想合格、工作作风优良的业务骨干和专业人才组成一线队伍，从根本上保证队伍的纯洁性和战斗力。其次，在日常工作中切实做好思想教育，提高各级人员对于大桥建设的政治认识，深刻理解海事工作对于大桥建设安全的重要意义，培养各级人员尤其是一线工作人员做好海事工作的使命感和责任感。最后，按照"零距离服务、零距离管理、零距离应急"目标，为更好地服务国家重点工程建设，2011年8月9日，交通运输部批复同意设置中华人民共和国广州港珠澳大桥海事处。这是首个设在海上、为单一工程组建的基层海事处，为施工船舶、船员提供最直接便利的服务。

（二）简化事权，完善工作模式

在解决建设、施工单位原先需面对多个海事机构"办事难"的问题后，在建立"一站式服务"的机构体系的基础上，海事局大桥办牵头建立了以海事局大桥办为对外窗口的"统一受理、集中办公、联合会审、统筹实施"的许可运作模式，进一步优化海事许可程序和相关工作制度。

首先，海事局大桥办创新海事管理服务模式，以"五统一"为机制，提升政务服务效率。港珠澳大桥建设的海事管理工作模式特别之处，主要表现为：一是统一机构对外。赋予领导小组办公室全面的管理职责，由领导小组办公室按照"四个一"海事管理模式，直接承担规划、许可、统筹、协调等工作，采取海事事权集中方式保证领导小组办公室管理职责的深度实施。二是统一协调指挥。按照"三个有利于"的原则，对港珠澳大桥工程涉及广东海事局、深圳海事局辖区水域的现场管理和海事服务工作实行统一协调；组织三地四方海事机构与港口、高速客轮公司等业界单位开展对话和协调。三是统一行政许可。按照"统一受理、集中办公、联合会审、统筹实施"的许可运作模式组织海事行政许可工作。四是统筹技术支持。组建航标、海测、基建、技装四个海事专业技术支持小组和专家顾问团队，在领导小组办公室的主持下，开展各项海事技术支持工作。五是统筹资源配置。负责统筹通航安全保障资金的使用和管理资源的配置。

其次，海事局大桥办优化海事许可程序和相关工作制度。为适应港珠澳大桥海事管理需求，编制了《港珠澳大桥主体工程建设通航安全保障总体规划方案》《港珠澳大桥建设海事现场工作指南》和《港珠澳大桥建设海事业务办理指南》，部海事局印发了《港珠澳大桥建设水上交通安全监督管理总预案》，对水上安全管理和保障服务工作进行制度设计和分类指导。在行政程序和工作制度的指导下，海事局大桥办最大限度集中了管理资源，创新了管理方式，优化了办理程序，增强了执行力，实现了一枚公章解决所有审批业务，每项许可办结时限比法定要求缩短 5 至 15 天，开通了网络"直通车"快捷集中办理，切实解决了各自管理的"资源不足"与"资源分散"，以及交叉管理的"协调难""维护难"和"办事难"等问题。

最后，海事局大桥办转变职能、简化事权、规范运作、强化执行。在具体实践中，海事局大桥办将涉及多处室、多部门的行政审批工作由原来的串联式改变为并联式，通过集中办公共商共治共审的审批格局，优化了行政许可程序；通过联合会审解决申请材料在多部门间的流转，缩短了行政许可办理时间，提高了海事行政许可效率；构建了深入施工现场的服务网点，通过"绿色通道""电话预约""24 小时服务""网上办理"和"一站式"业务便捷办理方式，最大限度地方便建设单位和施工单位，解决施工单位"办事难"问题。

（三）强化协调服务，构建"问题同解"的沟通机制

海事局大桥办不仅需要解决传统单部门管理中"资源不足"与"资源分散"的问题，还需要解决现实多部门管理中"协调难""维护难"的难题。"统一对外"海事机构体系不仅要求海事局大桥办简化行政事权，实施"联合会审"的工作模式，还要求其强化协调服务，构建"问题同解"的沟通机制。

一方面，海事局大桥办实现了涉及大桥施工的海事行政许可工作"审

批、实施、监督"三分离的局面，即海事局大桥办负责行政许可审批，现场海事部门负责对许可行为实施管理，纪检、法规以及相关业务部门分别实施纪律和业务监督，初步建立"职责明确、纵横联动、协同管理、事中事后有监督"的海事行政管理机制。

另一方面，海事局大桥办强化协调服务，严把审批关。通过建立联络协调机制，专业高效开展组织协调工作，解决了大桥建设各阶段亟须解决的各类问题，调整优化了许可信息公布，规范了水工档案管理，使海事服务上了一个新台阶。与此同时，海事局大桥办构建通航保障全面合作体系，建立起系统上下协调、跨区域协调、跨部门协调的立体沟通新机制，建立起一套"信息互通、资源共享、问题同解"的立体沟通协调格局，在保障系统上下协调的同时，也保障了跨区域和跨部门协调。

海事局大桥办突破固有模式，建立"一站式服务"的机构体系，为了最大限度地方便建设单位和施工单位、解决群众"办事难"的问题，主动转变职能、简化事权、规范运作、强化执行，优化海事许可程序；为了解决"协调难""沟通难"问题，构建行政机构全面合作体系，完成了行政许可、行政实施和行政监督"三分离"的模式创新，建立系统上下协调、跨区域协调、跨部门协调的立体沟通新机制。

第三节　精准施策指导规划实践

海事局大桥办是如何完成如此精细的服务工作呢？实际上，为做好港珠澳大桥建设水上交通安全监管工作，服务国家重点工程，保障珠江口水域航行安全、工程顺畅和防止船舶污染水域。海事局大桥办既要面临着新组合部门内部的工作协调、职责划分问题，又要配合施工建设团队的工作进度，及时提供水上安全管理和保障服务。在多重问题和挑战的重压下，海事局大桥办始终坚持交通运输部副部长冯正霖提出的"精准护航、精细管理"工作理念，以此指导和规划具体的实践，推动海事事业健康、快速、和谐发展。

"精准护航、精细管理"的具体内涵是什么？通过总结海事局大桥办的水上安全管理和保障服务实践活动，可以将"精准施策"归纳为，构建以海事局大桥办为核心的项目团队，科学化、现代化、实事求是地统筹规划一切涉及水上安全问题的工作方案，并在大桥前期筹备、施工建设以及运营各个阶段，统一协调安全管理行政执法，统筹通航安全保障服务的具体实践。如果"精准施策"是立足大局的指导总方案，那么"精细管理"便扎根实地、指导具体项目的实施。具体实践中，海事局大桥办一直坚持"精细管理"，既体现在机制构建层面，精细地厘清各个行政主体的工作内容和职责，促使管理和保障工作保持整体性和协调性；又体现在实践护航方面，将每一次护航任务都当作一场与恶劣的自然环境和重重技术挑战抗争的"战役"。通过仔细认真应对，细致地规划每艘过往船舶的航行路线，规划每个时间段需要封航的水域，规划每艘警戒船所负责的水域及工作。

一、前期筹备阶段：精准制定总体战略

（一）精准制订《总预案》

在大桥前期筹备阶段，海事局大桥办便统筹全局，立足眼前的多重问题，前瞻性地预判未来可能面对的挑战，依据涉水区域的自然环境和安全管理现状、上级部门和相关研究报告的要求，牵头编制并提交部海事局印

发了指导全局工作的《港珠澳大桥建设水上交通安全监督管理总预案》（简称《总预案》）。

一方面，《总预案》的制订立足于工程的实际概况，具有指导水上安全管理和保障服务的实践意义。根据珠江口水域水上险情统计资料，近四年，大桥建设附近水域共发生水上险情232宗。港珠澳大桥建设水域是我国港口密集度最高的水域，横跨大型船舶进出珠三角的唯一出海通道；通航环境极其复杂、水文气象条件极其多变，是水上交通事故易发的敏感区域；施工高峰期间，有近千艘施工船舶、近万名施工人员同时作业。因此，如何有效地整合现有机构和权责范围？如何避免事故的发生？如何有效保障施工安全和过往船舶通航安全，才能既不影响正常的贸易往来，又不耽搁施工进度？这些都是海事局大桥办必须解决的问题。海事局大桥办工作人员进行实地调研，仔细研究了涉水区域的通航环境，考虑珠江口的气象条件（气温、降水、风况、雾况、雷暴、灾害性天气）、水文条件（潮汐、潮流、波浪）、港口水域状况（港口、锚地）、通航交通状况（航道、航路、航法、交通流量、船舶报告机制）、航标航测保障概况（助航标志、航海图书、航海资料）等因素，精准地制订指导全局工作的《总预案》。《总预案》规定了总体工作设计规划，划定具体组织机构和权责范围，建立工作实施程序和内部管理机制，指导通航安全保障的具体工作。例如，航行大濠水道的船舶按照《珠江口水域船舶航行指南》有关定线制的规定航行；往返于香港、澳门、珠海的高速客船穿越青洲水道使用高速客船专用航路航行；珠江三角洲各港口之间船舶航法均按各自习惯航路航行。

另一方面，《总预案》的制订立足于相关的法律法规和实证研究报告，具有指导海事部门政务创新和行政改革的理论意义。《总预案》参考了

2016 年修正的《中华人民共和国海上交通安全法》、2014 年 12 月修订的《中华人民共和国安全生产法》《中华人民共和国内河交通安全管理条例》（国务院令〔2019〕709 号）、《沿海航标管理办法》（交通部令〔2003〕7 号）、《中华人民共和国航道管理条例》（国务院令〔2008〕545 号）、《中华人民共和国航标条例》（国务院令〔1995〕187 号）等法律、法规和规章的相关内容。不仅如此，广东海事局制定的《珠江口水域船舶航行指南》和《珠江口水域船舶安全航行规定》也作为理论依据被纳入《总预案》中。同时，大桥办在面对具体的事项和实践时，还依据不同的法律进行规划。海事局大桥办在《总预案》的制订中还应用到了筹备阶段所做的调研报告和上级部门指示的内容，将规划精细到各个层面，使每一项工作都有理论和规则依据，切实做到"有制度可依，有制度必依"。例如，在前期筹备阶段，海事部门就参与了项目的研究及相关工作，编制了《港珠澳大桥工程建设对通航环境和安全影响研究报告》和《非通航区船舶现状观测、非通航孔船撞力及防撞措施研究专题报告》；利用专业技术力量完成了项目桥区水下结构物扫测、非通航区船舶现状观测、海洋观测及钻探勘察作业监管工作等，积极参与大桥项目相关的海洋环境影响、水利行洪影响、隧道人工岛对 23DY 锚地影响、项目工可报告等 32 个专题研究及审查会议，提出海事专业意见，推动工程建设相关工作的开展，并通过综合上述资料，结合大桥建设对水上交通安全工作的实际需求，海事局大桥办制订出《总预案》来指导规划实践。

（二）精准实施《总预案》

《总预案》如何精准地指导总体战略的实施？理念上，海事局大桥办围绕"安全管理专职化、安全保障项目化"的工作思路展开工作，以"精准制定总体战略"为方案的思想指导，以涉水区域的通航环境、施工环境和安全管理现状为实践指导，部署水上交通安全总体工作并分配具体任务。

首先，《总预案》部署水上交通安全总体工作并分配具体任务。大桥建设水上交通安全工作从时间上按"前期筹备、施工建设和竣工营运"三个阶段有序推进，从内容上按"安全管理、安全保障"两方面组织实施。其中，水上安全管理工作是海事部门行使国家赋予的行政管理职责，具体内容包括海事行政许可审批、评估、航行通告发布、防台、应急、日常管理等工作；水上安全保障工作包括配置临时设施设备、航行保障、施工保障以及其他通航安全保障服务性工作。《总预案》精细地预设大桥施工建设期海事局大桥办的所有工作内容，精准地将工作落实到具体单位和负责人。为了精准实施《总预案》的总体战略，海事局大桥办牵头，统筹组织港珠澳大桥管理局、施工单位和港航企业，秉持"相互支持、相互监督、相互促进"的原则，严格履行相关的安全生产责任，构建安全生产责任链。

其次，《总预案》构建组织体系并划定各个参与主体的权责范围，建立专职队伍向海事局大桥办负责、海事局大桥办向领导小组负责的工作机制。在层层负责的工作制度内，海事局大桥办清楚认知自身的工作职责，主要负责施工期水上交通安全工作的协调和组织落实。为了精准实践《总预案》的权责清晰的工作机制，海事局大桥办建立了具体工作实施程序，按照"联合会审、集中办公"的方式，组织相关单位、部门完成行政许可审批、方案审查等静态工作，领导各级海事部门的现场专职队伍完成安全管理、安全保障等现场具体实施的动态工作。

最后，《总预案》建立水上安全管理和保障工作机制。在水上安全管理方面，海事局大桥办建立"专职化管理工作"模式，大桥建设涉及的所有水上安全管理工作均由海事局大桥办统一组织实施。例如，海事局大桥办精细地制定内部管理制度，便是考虑到系统化的人员管理机制可以提升管理工作的效率，预设未来管理中可能存在的问题，用成文的制度和日常的工作程序来解决问题。内部管理制度包括人员配备、请销假和考勤管理、印章使用管理、公文管理、档案管理、交通工具管理、集中办公（会议）管理七方面，内容详细且将具体权责落实到各个单位。在管理请销假和考勤时，海事局大桥办常驻工作人员请销假、调班、加班、补休、考勤管理工作参照广东海事局考勤相关管理制度，由海事局大桥办负责执行。非常驻的工作人员请销假、考勤等管理由原工作单位负责。在水上安全保障方面，海事局大桥办建立"项目化保障工作"机制，所有水上安全保障工作都被视为大桥工程的一个项目，作为"乙方"的广东海事局与作为"甲方"的港珠澳大桥建设团队签约，自主完成保障项目的所有工作。例如，海事局大桥办考虑到资金问题是所有工作完成的关键，便在筹备期多次与施工建设方协商，落实资金来源和管理问题，形成保障资金取费制度。具体而言，制度包括资金来源、取费、使用、报销、结算、审计等部分。

在建设阶段，海事局大桥办以"安全管理专职化、安全保障项目化"为工作思路，总体部署水上交通安全工作并统筹实施具体任务，构建组织体系并划定权责范围，建立水上安全管理和保障工作机制。

二、施工建设阶段：精细规划具体战术

在提供水上安全管理和保障服务的实践工作中，海事局大桥办秉持"精准护航、精细管理"的工作理念，为每一次现场护航任务、每一次航线调整工作制订详细的工作方案和实施规划。

在提供水上安全管理服务工作时，海事局大桥办精细地制定工作机制，指导具体的管理工作。例如，2010年，由广东海事局提议并建立了基于粤

港澳海事机构和大桥建设方的"港珠澳大桥建设水上交通安全联络协调机制"（以下简称"联络机制"）。联络机制建立运作以来，通过制定联络机制运作制度（联络员会议制度、定期信息通报制度、应急反应协调制度和联络协调成员单位年度总结会议制度等），各成员单位认真履行联络机制工作职责，加强三地海事机构和大桥各参建单位的沟通协作，共同构建安全生产责任链，有效协调解决了粤港澳高速客轮航行施工水域、内地施工船跨界进入香港水域施工作业安全监管、香港疏浚物跨境倾倒、2012 年 6 月 12 日"港珠澳大桥"施工现场 3 号气象水文浮标漂流跨境搜寻等应急事件处置等大桥建设的通航安全热点、难点问题，为大桥安全建设提供良好的水上交通安全环境，保障大桥建设顺利进行发挥了积极作用。

为进一步推进港珠澳大桥建设施工安全管理工作，保证施工安全信息畅通，更好地协助安全管理决策工作，海事局大桥办牵头海事监管单位，港珠澳大桥管理局，施工单位各工区、标段组成"港珠澳大桥建设施工安全联络办"（下称"安全联络办"），制定《港珠澳大桥建设施工安全联络办工作制度》《港珠澳大桥建设施工安全联络员工作职责》。

为贯彻落实中央纪委、交通运输部党组关于进一步提高反腐倡廉科学化水平，海事局大桥办组织全体员工认真查找和确定容易诱发腐败现象的重点环节、重点岗位，进一步梳理和排查廉政风险源和风险点，分析其产生的原因，并针对薄弱环节和关键点，选择有针对性和可操作性的廉政风险防控措施进行预防，编制了《大桥办廉政风险防控工作手册及内部管理制度》，以有效预防考核控制海事行政执法和提供公共服务的廉政风险。工作手册不仅构建了海事局大桥办内部人员岗位框架体系，而且从心理学角度分析了海事行政执法风险的来源，并提出了具体的机制性防控措施。海事局大桥办甚至细致到规定海事行政执法行为流程图，分析通航管理行政许可、航标设置行政许可、专项课题研究中每一项具体工作发生腐败危险的可能性，提出相应的解决措施。总之，海事局大桥办在具体的机制建设和工作实践中，全方位、多层面地考虑到每一个因素。

在提供水上交通安全保障服务工作时，海事局大桥办将每一场现场保障任务都当作一次"战役"来打，详细地制定具体的工作方针和规划。例如，牵头编制完成《港珠澳大桥岛隧工程沉管浮运与安装水上交通安全工作手册》《港珠澳大桥主体工程桥梁工程大型构件运输水上交通安全保障工作手册》等。聚焦岛隧工程E15"战役"，经历过三次浮运两次回拖。海事局大桥办提前组织召开多次讨论会，充分制订多份详细计划，确保两次回拖的成功实施。

第二章 安全管理

第一节 施工通航安全评估管理

在开展水上交通安全管理的实践工作中，施工通航安全评估管理是海事局大桥办确保港珠澳大桥建设水上交通安全的重要工作内容之一。海事局大桥办严格按照《中华人民共和国水上水下活动通航安全管理规定》，在港珠澳大桥建设工可阶段、各合同段各阶段具体施工前委托有资质的单位编制《施工通航安全评估报告》对施工作业进行通航安全评估。在此过程中，海事局大桥办组织召开《施工通航安全评估报告》的内部审查，出具审查意见，并主持《施工通航安全评估报告》的评审等相关会议，形成评审会专家组意见，明确通航安全保障措施、航标布设方案，供施工通航安全管理参考。海事局大桥办根据《施工通航安全评估报告》和专家组意见，督查监管业主、施工单位落实各自责任和各项安全措施，使项目施工对通航安全的影响可控，确保施工组织方案符合安全要求、总体可行。

在施工通航安全评估方面，主要开展了港珠澳大桥岛隧工程内河船参与施工通航安全评估、港珠澳大桥桥梁段 CB03 标施工通航安全评估、港珠澳大桥桥梁段 CB04 标施工通航安全评估、港珠澳大桥桥梁段 CB05 标施工通航安全评估、港珠澳大桥主体工程施工期航路规划及通航管理研究中期评估、港珠澳大桥桥梁工程 CB05 标临时出海装卸平台工程通航安全评估、港珠澳大桥珠海连接线第二合同段前山河特大桥工程通航安全评估、港珠澳大桥珠海口岸临时施工便桥通航安全影响论证及通航安全评估、港珠澳大桥 CB05 标中山梁场预制构件夜航运输通航安全评估、港珠澳大桥主体工程施工船舶 2012—2014 年度防台工作评估、港珠澳大桥主体工程施工船舶防台工作年度评估、港珠澳大桥主体工程桥梁工程土建工程施工 CB04 合同段江海直达船航道桥 139#—140# 钢塔安装工程（含江海直达临时航路调整—第九阶段）通航安全评估、港珠澳大桥 CB03 标段青州航道桥钢箱梁吊装施工青州临时航路调整通航安全评估、港珠澳大桥配套砂源采砂作业通航安全评估、港珠澳大桥主体工程建设通航安全保障工作中期评估与后期通航安全保障工作需求研究、港珠澳大桥 CB04 标段后续钢箱梁吊装施工和 138 墩钢塔吊装作业通航安全评估、港珠澳大桥珠澳口岸人工岛填海工程通航安全评估、港珠澳大桥配套砂源（白沥岛北海域 A 区海砂矿 I 区块）采砂作业通航安全评估、港珠澳大桥配套砂源（外伶仃东海域 C 区海砂矿 I 区块）采砂作业通航安全评估、港珠澳大桥配套砂源（白沥岛、外伶仃岛）通航安全评估、港珠澳大桥主体工程岛隧工程沉管隧道 E1~10 管节段基槽开挖与西人工岛陆域形成工程通航安全评估、港珠澳大桥主体工程岛隧工程沉管运输与安装工程通航安全评估、港珠澳大桥主体工程岛隧工程桂山沉管预制厂码头工程通航安全评估、港珠澳大桥主体工程岛隧施工总营地码头工程通航安全评估、港珠澳大桥主体工程施工营地桥梁段码头工程通航安全评估、港珠澳大桥主体工程江海直达航路调整（第九阶段）通航安全评估、港珠澳大桥龙鼓西航路沉管施工水域禁航区设置通航安全论证与评估、港珠澳大桥桥梁工程 CB02 标钢箱梁大节段及钢索塔整体运输方案通航安全评估、港珠澳大桥岛隧工程东人工岛陆域形成工程通航安全评估、港珠澳大桥龙鼓西航路第二阶段改移和沉管施工区调整通航安全评估、港珠澳大桥岛隧工程沉管出运航道通航安全评估、九州港临时航道工程施工图设计及通航安全评估、港珠澳大桥主体工程营运期桥梁船撞风险与对策研究、港珠澳大桥锚地调整建设通航安全评估（2014版）、港珠澳大桥主体工程桥梁固定助航标志工程施工图设计评审、港珠澳大桥主体工程航标工程调整设计评审等工作，审查并优化完善施工组织方案、航标布设方案、安全保障措施等，有效解决了通航安全问题，使施工对水域通航安全的影响可控。

第二节　海事行政许可管理

在提供水上安全管理的实践工作中，海事局大桥办按照"中国海事为港珠澳大桥建设提供优质安全服务"的总要求，全面履行海事部门职责。其中，海事行政许可管理是履行职责的重要工作之一。海事局大桥办承担统筹协调工作，为了加强各个主体沟通联系和信息交流，共同解决大桥建设期间涉及水上安全的现实问题，发挥"1+1 ＞ 2"的作用，更需要重视海事行政许可管理工作。

海事行政许可管理工作是海事局大桥办行使国家赋予的行政管理职责。海事局大桥办吸取传统管理经验，按照"四个一"的工作要求，结合行政许可事项的特点，开展海事行政许可审批工作。实践中，海事局大桥办的工作主要体现在"静态工作"和"动态工作"两方面。

一、以静制动，以制度规范管理

"静态工作"主要体现在水上安全管理工作期间，按照"统一受理、集中办公、联合会审、统筹实施"的方式，由海事局大桥办组织相关单位、部门开展海事行政许可审批工作。

为及时解决港珠澳大桥建设过程中涉及的海事行政许可等业务问题，提供安全、优质、便捷的海事服务，保障大桥建设各施工项目的顺利实施，海事局大桥办制定了《港珠澳大桥建设海事业务会议制度》，明确由大桥办依施工单位申请组织召开海事行政许可审查会，对施工组织方案、航标布设方案、现场保障方案等进行集中会审，提出安全管理工作要求和具体工作布置。

为给行政相对人提供办理指引，规范港珠澳大桥建设海事行政许可审批工作，部海事局港珠澳大桥建设水上安全监管领导小组 2012 年第一次工作会议审查通过《港珠澳大桥建设海事现场工作指南》，由部海事局大桥办于 2012 年 6 月 13 日印发实施。该指南明确由海事局大桥办受理的港珠澳大桥建设海事行政许可项目主要包括水上水下活动、大型拖带、航标管理、航行通（警）告发布，通航水域禁航区、航道（路）、交通管制区、锚地和安全作业区划定审批，以及相应的工作程序等，使海事行政许可管理工作有了制度化的保障。

（一）水上水下活动

1. 统一受理：港珠澳大桥建设期间，涉及海事行政许可、航行通（警）告发布和相关事务的申请统一由大桥办受理。

2. 集中办公：大桥办根据申请材料涉及的业务范围和业务流程，与相关单位和职能处室进行联合初审，共同出具初审意见。

3. 联合会审：大桥办按照各项业务涉及的工作内容和水域范围，与相关单位和职能处室采取会议的形式进行联合会审，以会议纪要的形式明确各单位、职能部门应配合做好的工作内容和形成行政许可事项审查意见，报大桥办主任签发。

4. 印章使用：按照部海事局的授权，印章使用"广东海事局通航安全管理专用章（02）"。

5. 办理与告知：大桥办统一办理、制作水上水下活动许可证书和发布航行通（警）告。

6. 档案管理：办理完毕后交广东海事局统一归档。

（二）航标管理

航标指港珠澳大桥建设期间和大桥营运期间所设置的助航标志以及为港珠澳大桥建设所进行的辅助工程而设置的助航设施，主要包括示位、警告危险、指示交通等功能的临时性和永久性助航标志。

1. 统一受理：航标设置许可及相关事务的申请统一由大桥办受理。

2. 集中办公：大桥办与广州航标处对航标设置申请材料进行联合初审，共同出具初审意见。

3. 联合会审：大桥办按照航标涉及的工作内容和水域范围，与航保处、通航处和现场相关单位采取会议的形式进行联合会审，以会议纪要的形式明确各单位、职能部门应配合做好的工作内容和形成行政许可事项审查意见，报大桥办主任签发。

4. 印章使用：批复文件印章使用广东海事局局章。

5. 办理与告知：由大桥办统一通知申请人和批文发放工作。

6. 航标动态通（警）告办理：航标建设单位凭批复文件向广州航标处

申请发布航标动态。

7. 航标效能验收：施工单位施工完毕后，向大桥办申请效能验收，验收工作由广州航标处实施。

8. 航标设置变更、延续：应按照相关的许可程序办理。

9. 档案管理：办理完毕后交广东海事局统一归档。

（三）大型拖带

1. 大型拖带是指：

（1）拖带长度（拖缆长度与被拖物长度之和）200m 及以上或宽度40m 及以上；

（2）超过航道通航限制的拖带作业；

（3）其他需要实施交通管制的拖带作业。

2. 大型拖带作业许可程序

（1）统一受理：凡是涉及港珠澳大桥建设的大型拖带活动的海事行政许可事务的申请统一由大桥办受理。

（2）集中办公和联合会审：

a 涉及需要实施交通组织和交通管制方案的拖带作业，由大桥办牵头组织审查工作。

b 涉及只需要 VTS 交通组织和交通管制的拖带作业，由大桥办委托相应海事部门组织审查。

3. 工作职责：

（1）由大桥办牵头组织审查工作的拖带作业

a 相应监管分区海事部门负责起草交通组织和交通管制方案。

b 大桥办负责拖带方案、交通组织和交通管制方案的初步审查。

c 大桥办负责组织评审各工作方案和做好大型拖带协调工作。

d 各相关海事、VTS、航标部门负责实施大型拖带相关工作。

（2）由大桥办委托相应的海事部门组织审查的拖带作业

a 相应监管分区海事部门负责制订各类方案和大型拖带交通组织的实施工作。

b 大桥办负责协调相关海事、航标部门等工作。

4. 办理与告知：

（1）由大桥办牵头组织审查的拖带作业，评审后大桥办发放水上水下活动许可证，并发布航行通（警）告。

（2）由大桥办委托相应海事部门审查的拖带作业，大桥办在申请书上直接委托相关监管分区海事部门并加盖大桥办印章，并通知申请人到相关海事部门办理拖带相关手续。

5. 档案管理：

（1）由大桥办牵头组织审查的拖带作业，办理完毕后交广东海事局统一归档。

（2）由大桥办委托相应海事部门审查的拖带作业，办理完毕后由相应的海事部门统一归档，并报大桥办备案。

主要实施步骤如下：

首先，在港珠澳大桥建设期间，涉及海事行政许可和相关事务的申请统一由海事局大桥办受理。海事局大桥办根据申请材料涉及的业务范围和业务流程，与相关单位和职能处室进行联合初审，共同出具初审意见，并以办公纪要形式明确各单位、各职能部门配合做好有关工作内容。

接着，由海事局大桥办按照涉及的工作内容，与相关单位和职能处室采取会议的形式进行联合会审，以会议纪要的形式明确各单位、职能部门应配合做好的工作内容和形成行政许可事项审查意见，统一对许可申请进行办理、不予办理或提出其他要求，形成行政许可事项审查意见，委托海事局大桥办负责人签发，并按规定统一制作和发放许可文书，办理完毕后交广东海事局统一归档。

在这一过程中，由纪检监察部门对行政许可工作实施监督，加强海事行政许可管理的监督力度，增强海事行政许可管理工作的透明度、公正度、可信度。

通过制定工作指南、办理指南和工作程序、流程等，海事局大桥办明文规定海事行政许可管理流程，使该工作更加科学化、制度化、透明化。不仅如此，在"安全管理专职化"工作思路指导下，海事局大桥办为了增强工作专业性，还通过调研、科研、规划与海事相关的工作，对国内外其他有参考借鉴意义工程的水上交通安全管理经验及做法进行调研，并参与港珠澳大桥海事相关课题研究，提出专业意见和建议。

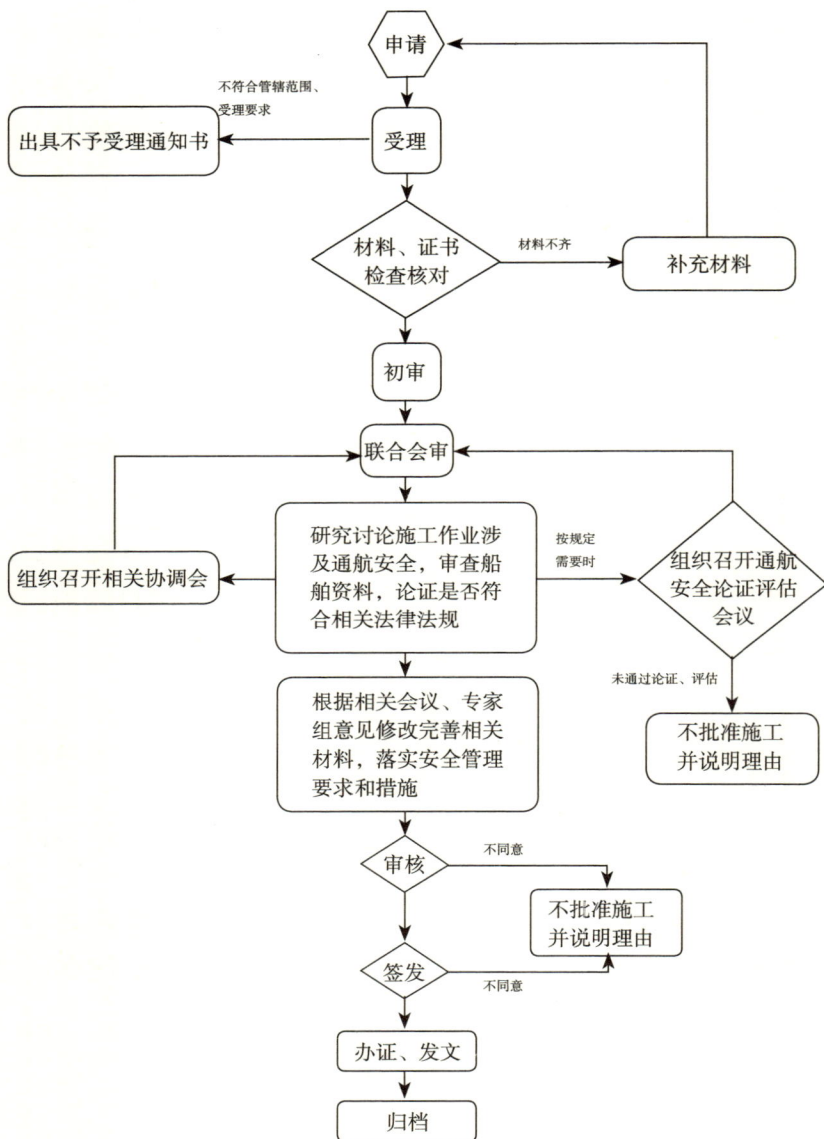

实践证明，"静态工作"成效显著。据统计，海事局大桥办共组织召开协调会议 600 多次，办理许可 457 宗，审批设置、撤除和调整航标 1026 座次。每一次协调会议都是现场分析研究问题、现场分工部署、现场落实到人。这种高效服务得到了施工单位的高度认可。可以说，没有海事局大桥办这种务实、专业、高效的服务，大桥建设不可能最终实现水上交通安全"零事故、零污染、零伤害"的优异成绩。

二、以动应变，以实践破除难关

"动态工作"主要指施工建设期内，海事局大桥办与现场专职队伍，各自按职责分别实施港珠澳大桥建设涉及海事行政许可的核查、督查和监督等现场安全管理工作。

以己之力，身居一线，勇闯难关。海事局大桥办实地考察施工现场，深入了解水上安全管理需求，积极开展水上水下活动现场核查，实施港珠澳大桥建设相关的禁航区和安全作业区划定；明确规定水上水下活动许可；公布穿越禁航区审批，大型设施、移动式平台、超限物体水上拖带审批要求；明文规定专用航标的设置、撤除、位移和其他状况改变审批等行政许可审批程序；承接评估报告评审和航行通告发布等海事业务办理工作。

以己之力，立足全局，整合资源。海事局大桥办手握多方行政资源，肩负高效利用资源的重担，实施相关水上交通管制的组织和管理；召开水上交通安全管理协作会议；实施风险管理，开展隐患排查和联合现场督查工作。

第三节　施工船舶安全管理

在大桥建设水上交通安全管理的实践工作中，施工船舶安全管理是否有效，直接关系着船舶的自身安全、船员的生命安全及大桥的施工安全和进度。相比于其他涉水工程，港珠澳大桥施工水域恶劣天气更加频繁，雾季长、台风多，施工海域情况更加复杂，施工的点线面长度不一；海上施工船舶数量多、密度大、种类多、变化快。船舶状况参差不齐，通航情况随时变动。不仅如此，部分船舶不按规则航行，部分驾驶人员不适应频繁变化的大桥施工水域、安全意识较差、欠缺规范性。这些因素加深了施工船舶安全管理难度。

海事局大桥办改变事后追责方式，提前对业主、施工单位、船舶所有人、分包商、供应商、船舶管理公司、船舶个体等单位及个人布设全方位、全覆盖的安全生产责任链。

一、分权分责：专职化管理

港珠澳大桥建设施工船舶安全管理工作由部海事局、广东海事局及深圳、珠海、中山、东莞局和港珠澳大桥管理局与各施工标段安环部的专职人员共同实施完成。一方面，部海事局和广东海事局，专门抽调人员组建海事局大桥办，负责组织召开港珠澳大桥施工船舶安全管理工作协调会、座谈会、施工船舶安全管理工作交底会，开展施工船舶船员培训，施工船舶防台规划研究、施工期船舶航路规划及通航管理研究等专项研究，砂石运输船施工船舶安全管理专项整治活动，与港珠澳大桥管理局和施工单位安全环保部门的沟通协调，并引进第三方施工船舶监理公司，督促各施工单位严格按照通航安全评估专家组意见和海事许可的工作要求，完善施工组织方案等申请材料，落实施工船舶安全管理责任和措施、相关安全管理规定要求等，提高施工船舶的工作效率。另一方面，深圳海事局、广州海事局、珠海海事局、中山海事局、东莞海事局等分别成立了专门的安全管理专职队伍，侧重做好施工船舶签证、安检、行政处罚、文书核发、港区水域内安全作业报备、港区水域排放残油或含油污水许可、《船舶残油接收证明》签发、船舶载运危险货物的适装许可、船舶船员协同管理等工作，履行施工船舶安全管理责任。同时，港珠澳大桥管理局和各施工单位安环部负责管理，促进了施工船舶的安全管理。

首先，为了有效防止施工船舶搁浅现象的发生，海事局大桥办要求施工单位船舶负责人必须对施工的海域情况进行细致的勘察，根据施工现场的具体情况对每艘船舶航行的路线进行监测，并对每艘船舶在施工中的载重进行准确计算，从理论上避免因航道太浅、货船载重过大而造成施工船舶搁浅。

其次，为了规范管理施工船舶，海事局大桥办要求施工船舶必须持有相应的合格证书，船员的数量也必须符合最低安全配员要求。

同时，为了防止船舶翻沉事故的发生，海事局大桥办还加强施工船舶避免翻沉的安全管理，要求施工单位对每艘船舶进行严密的监控，杜绝因货物超载引起船舶稳性丧失的现象，并督促施工船舶船员定期对船舶进行维修保养，确保船舶船况良好。

再次，为了避免船舶火灾，海事局大桥办对船员加强消防法规的宣传工作，提高船员的消防安全意识，使各施工船舶严格执行船舶消防安全制度，加大消防检查力度，配备符合规定的消防设施设备，并定期组织船员进行上岗培训和考核，定期组织船员进行消防应急演练。

最后，为了保证船舶乘坐人员的人身安全，海事局大桥办规定施工单位不得租用证件不齐的船舶作为交通船使用，驾驶员必须持有有效合格证书，交通船上必须配备有足够的救生圈、救生衣、灭火器、通信对讲机等设备。不仅如此，海事局大桥办还对交通船的驾驶员也提出了严格的要求，必须全天候对海风、暴雨等做充分了解和掌握，并在船上公示交通船的乘坐规定，严禁超载。这样，一方面可以准确把握施工船舶的详细情况，另一方面可以防止船舶超越航区、配员不足等违章行为的发生，禁止不合标准的船舶进场施工。

二、协调协同：制度化管理

海事局大桥办坚持"安全第一，以防为主"的原则，建立施工船舶入场的安全管理制度，先后面向施工作业单位、项目部和施工作业船舶及人员推出了多项服务举措，制定了《港珠澳大桥建设船舶自动识别系统（AIS）安装管理指南》《港珠澳大桥建设施工船舶防台工作指南》，配合港珠澳大桥管理局完成《港珠澳大桥主体工程参建 HSE[①] 管理人员及施工船舶通讯录》《港珠澳大桥主体工程参建船舶施工标志旗管理规定》等，形成制度化安全管理模式。

其中，施工船舶入场管理制度明文规定如下管理程序：

首先，参与港珠澳大桥建设的施工船舶在取得水上水下活动许可证后、进场施工前，需要各现场监管分区海事专职队伍进行施工前检查，从源头上管控施工船舶。其次，所有取得港珠澳大桥建设水上水下活动许可的船

---

① 健康、安全、环境。

舶需配备齐全有效的船舶证书，船舶配员和船舶类型也应满足相应规定。最后，通过现场核查的施工船舶方可进场施工，未通过现场核查的施工船舶需整改合格后方可进场施工。

不仅如此，在对施工船舶进行安全管理的过程中，海事局大桥办着眼于建立长效机制，先后面向施工单位和施工作业船舶及人员推出了六项服务举措。

（一）定期召开施工作业现场会，研究、协调并解决管理中存在的实际问题，建立定期沟通协调机制。

（二）开展施工作业安全知识专业培训，指导相关作业人员提高安全管理水平，建立人员培训机制。

（三）协助制订海上施工安全应急预案并指导实际演练，建立应急反应机制；实施施工作业现场监护和清障护航，建立重点预防机制。

（四）及时通报恶劣海况、天气及其他影响施工作业的重要信息，建立气象信息通报机制。

（五）开展以"安全诚信"为主要内容的文明施工单位评选活动，建立表彰激励机制。

（六）要求警戒船舶严格执行大桥工程建设有关的安全生产管理规定，特别是水上水下作业及船舶安全管理专项规定，严格遵守各项规章制度。此外，海事局大桥办开展了"专职化管理"与"制度化管理"。例如，海事局大桥办充分认识警戒船舶安全工作的重要性和紧迫性。一方面，海事局大桥办及时考察大桥建设安全工作的实际情况，针对警戒海域的海况，督促、指导施工单位制定《施工警戒船舶安全管理细则》，落实安全主体责任，明确安全目标，协助各个项目部制定和落实安全责任制并积极开展安全活动；各现场监管分区海事专职队伍会从现场巡查方面开展"专职化管理"，督促警戒工作和安全措施的具体落实。

实践证明，海事局大桥办施工船舶安全管理成效显著。据统计，大桥建设 9 年来，制定各种施工船舶专用航线 19 条；设置开通了 7 条临时航路，规划了 3 处大型超深超高船舶专用防台锚地和 39 处施工船舶防台推荐水域；累计疏通了 300 多万艘次的过往船舶，组织了 2600 万方人工岛填岛作业的砂石运输船舶和 2400 万方倾废作业的淤泥运输船舶。

第四节　现场巡航监督管理

在提供水上交通安全监管服务的实践工作中，现场巡航监督管理是海事部门最为基本的管理方式，是一种动态、全方位、全时段的有效管理，督促船舶自觉遵守水上交通的法律、法规；是实施水上动态管理的重要手段，通过现场巡航监督检查，能够及时搜集和掌握辖区通航环境安全信息，发现并处理船舶的违法违章行为，跟踪了解船舶遵守水上交通法律法规的情况，维护通航秩序，及时防止水域污染及进行救助工作。

海事局大桥办发挥部海事局和广东海事局赋予的"协调"职能，统筹组织相关单位，指导它们采取划定管理分区、设置现场值守点、配置管理趸船和海巡船的管理方式，对施工作业水域进行巡航、值守和监控点管控。

一、立足全局，合理布置管理资源

由部海事局印发的《港珠澳大桥建设水上交通安全监督管理总预案》，合理布置管理资源，划定了桥区管理水域和施工作业水域范围并实施分区管理，明确水域安全管理主体和责任。各监管分区根据《总预案》要求，制订巡航方案，落实"七线四区三域"网格化管理，督促船舶遵守有关航行、停泊和作业的相关规定。

一方面，为了维护桥隧区域船舶通航秩序，海事局大桥办调配现有资源，布置各级机构管理力量，指导它们采用电子巡航、设置现场值守点、海巡船巡航等方式进行现场巡航与管理，要求它们专门设立大桥交通管理专台和现场值守点。在海事局大桥办的指导和各级行政机构的配合下，逐渐形成"远程监控有专台、近程监管有专室、现场监管有专船、责任落实有专人"的层次分明、责任明确的管理格局。

另一方面，为了保障施工安全和船舶通航安全，海事局大桥办事先划定管理分区，配置管理趸船和海巡船，对施工作业水域进行巡航与值守。海事局大桥办要求现场巡航管理人员以区域管理专室为中心，以船艇巡航突出应急和重点区域的交通疏导为重点工作。同时，海事局大桥办根据各施工阶段的特点，率先制订好详细的巡航计划，指导下级部门采取水上巡航与陆上巡航相结合的手段，保证巡航覆盖的区域和巡航密度；根据施工水域管理难度，要求现场巡航队伍在重点施工水域和封航警戒水域中，设立水上流动监控点，保证 24 小时不间断管理。

二、统筹兼顾，指挥调动各方力量

作为"协调者"的海事局大桥办，根据"桥区水域船舶航行安全畅通"的工作目标，有效调动并指挥各方力量，组织有关人员到各施工区段进行现场检查指导。

一方面，深圳海事局、广州海事局和珠海海事局等各局现场海事行政力量，按照《总预案》要求开展现场巡航管理工作。自大桥施工建设以来，海事部门在施工作业水域和大桥通航水域，每天安排十多艘海巡船艇和近百名现场人员巡航、值班，严格监督施工船、商船、高速客船各行其道，严肃查处超载、未按规定办理签证、超航区作业、配员不足等违法违规行为。

另一方面，海事局大桥办依托各参建单位力量，开展现场核查和督查工作。如 2014 年 6 月，海事局大桥办制订并组织实施了《2014 年港珠澳大桥建设水上交通安全保障现场核查方案》，由海事局大桥办牵头组织现场管理单位，航标、海测、业主、港航企业等单位，对现场管理、通航环境、航标设置、航路调整等进行全方位督察和隐患排查。同时，海事局大桥办通过督查通报将检查发现的问题及时反馈到各个管理单位，要求各单位对存在的问题进行整改，并采取针对性措施加强安全管理。

据不完全统计，海事局大桥办已组织大桥建设现场巡航 14 969 次，出动海巡船艇 14 565 艘次，出动海事执法人员 101 460 人次，巡航里程 284 248 海里。

第五节　信息化管理与防台应急

在提供水上安全管理的实践工作中，信息化管理是海事部门与时俱进、创新管理手段的集中体现。台风是影响港珠澳大桥安全建设的重要因素之一，防台应急措施是海事部门应对自然危害、日常管理工作的重中之重。

一、现代化：信息化管理

海事局大桥办组织并指导成员单位，创新管理手段，采取现代化手段，通过建立一个连接专台、专室、专船、专人，集数据传输、信息共享、协调指挥、电子巡航、现场管理、应急救助等功能于一体的智能管理网络体系，建立了适合港珠澳大桥建设实际需要的信息发布机制。

一方面，海事局大桥办不仅建立了即时手机短信应急预警群发通信平台，还协助业主、施工单位建立了各自的应急调度指挥中心和值班室，积极参与重大节点安全保障工作值班。同时，广州航标处建立了航标运行管理信息化系统，通过遥测遥控技术，远程监控航标状态，及时发现并修复异常航标。广州海事测绘中心开发和维护港珠澳大桥通航环境数据服务系统。另一方面，海事局大桥办请教专家，整合船舶交通管理系统（VTS）、船舶自动识别系统（AIS）、无线甚高频（VHF）、闭路电视监控系统（CCTV）等先进管理手段与资源。继而指导各级管理主体采用电子巡航，建立统一指挥平台对船舶实施动态跟踪，对通航秩序进行动态管理，对重要航段实行电子化监控和全方位覆盖的一种新模式，有效提升了海事管理和应急救助能力。在此过程中，海事部门通过使用新一代信息技术——传感器，将管理对象的参数进行采集、传输和加工，进而识别管理对象的状态和发展趋势，对不正常的状态进行预警，达到及时消除事故隐患、提高海事管理工作效率和效益的目的；通过收集通航状况、水文气象、航行通（警）告等相关信息，为船舶提供航行指导；通过数据库整合，实现船舶、船员、签证、安检、行政处罚等相关信息的关联查询，并对船舶交通流量等进行统计分析，形成直观的数据分析报表，为安全管理提供决策依据。

在海事局大桥办统一指导下，各级行政管理主体共同建立海事网络数据中心，构建统一巡航监控预警平台，充分利用现代化手段——电子巡航开展实时监控船舶航行、停泊及作业秩序，实现对船舶的航迹跟踪、安全预警、违法处置、信息服务等工作。从而，充分发挥电子巡航精度高、巡航密度大、巡航成本低、工作强度小、反应能力强的优势。同时，海事局大桥办意识到电子巡航不能完全代替传统巡航，唯有配合传统巡航工作，才能更好地提高海事工作效率、履行社会服务责任。海事局大桥办这一举措，为我国未来海事信息化发展提供了方向与目标。

二、常规化：防台应急措施

（一）管理思路："特殊工程要有特殊举措"

为了保障施工船舶防台有序，海事局大桥办贯彻"特殊工程要有特殊举措"的管理思路，分析广东沿海台风特点及通航环境，结合大桥的防台实际需求，编制《港珠澳大桥建设施工船舶防台工作指南》，指导下级部门规划施工船舶防台水域、明确防台应急措施。

首先，"特殊防台工程"体现为"广东沿海台风之特殊"。港珠澳大桥位于我国珠江口水域，相比于其他水域，珠三角地区因其独特的亚热带海洋性气候，冬春季盛行偏北风，夏秋季盛行偏南风，风况季节性变化明显，台风、雷雨大风、寒潮天气等灾害性天气频发。大桥建设水域因其独特的地理环境，经常受到锋面、低压槽所造成的暴雨天气影响，持续时间较长，从 5 至 11 月，年平均台风 6 至 7 次。尤其在 7 至 9 月，台风所产生的狂风、暴雨、巨浪和风暴潮等现象对海上船舶、人员及构筑物安全造成极大的威胁和危险。因此，掌握该地区台风的运行规律，并采取有效的预防措施非常重要。

其次，"特殊防台工程"体现为"港珠澳大桥建设之特殊"。港珠澳大桥主体工程包括港珠澳大桥岛隧工程、桥梁工程 CB03、CB04、CB05 等工程，施工周期长，涉及施工船舶众多，施工船舶设备配备及船员水平参差不齐，且防台要求高。但是，现状远远无法满足需求，珠江口防台锚地资源短缺，缺乏满足大型施工船舶防台需求的水域，港珠澳大桥建设施工船舶的防台工作面临严峻的形势和考验。

最后，"特殊防台工程"体现为"应急工作之特殊"。鉴于港珠澳大桥主体工程施工船舶较多，一部分船舶为无动力、非自航的船舶，这些船舶受风影响较为明显，给安全避台带来诸多困难，例如，非自航的施工船舶避台时的撤离需要拖船或拖轮协助完成，拖船的配置和安排在一定程度上决定着避台的安全。若施工船舶距离防台锚地较远，可能需要数小时才能到达防台锚地。同时，施工船舶结构特殊，往往船舶桩架较高、重心较高、受风面积较大，受大风等恶劣天气影响较大，锚泊风险也较大。施工船舶在防台锚地锚泊时，在大风、强浪、急流的作用下，若选择锚位、锚泊方式不当，存在造成丢锚、断锚链、走锚及引起的碰擦、搁浅甚至碰撞、翻沉等事故的风险。针对这样的防台突发事件，海事局大桥办建立起了突发事件应急响应流程，当施工船舶防台过程中发生水上碰撞、走锚、侧翻等海上突发事件时，在防台应急指挥机构的直接领导指挥下，由指定的行动人员完成所在水域的险情处理、应急救助。根据施工船舶防台过程中可能发生的海上突发事件的不同预报预警信息，应急人员、船艇、车辆、急救品等适时进入应急准备阶段。

（二）工作原则："宁可防而不来，不可来而无备"

为了应对自然、水域、应急"三重特点"，全面、有序、高效地做好港珠澳大桥建设水域船舶防抗台风工作，掌握防御台风的主动权，提升整体应急反应能力，最大限度地减少人员伤亡、财产损失和海洋污染，海事局大桥办指导并要求相关单位，防台工作必须坚持"宁可防而不来，不可来而无备"的工作原则，秉承"特殊工程要有特殊举措"的管理思路，切实贯彻"预防为主，防抗结合"的指导思想，完善预案，提前部署，落实措施，做好防抗台风工作。

　　首先，海事局大桥办在对珠江口防台水域进行全面摸查的基础上，结合港珠澳大桥的防台实际需求，经广泛征求各方意见，以《总预案》为指导，编制了《港珠澳大桥建设施工船舶防台工作指南》，为防台工作提供指引。同时，坚持"因地制宜"原则，指明港珠澳大桥建设施工船舶防台需求明确后或发生较大变化时，可根据需要对《指南》进行适时修订。为给船舶防台、临时航路转换工作提供科学、合理的指导，海事局大桥办委托相关专业机构对船舶防台、临时航路转换等工作进行专题研究，以科学手段解决复杂问题，开展广东沿海台风特点及其通航环境、施工船舶防台水域规划、施工船舶防台交通组织等专题项目。

　　其次，依据《指南》，海事局大桥办要求施工单位结合各自船舶特征和珠江口水域具体情况，依据台风生成地、移动路径、风力强度，船舶自身的条件和抗风能力及所在水域、港口和锚地的环境，采用适当的防台方式，选择合适的防台水域，准确把握防台撤离时机，熟悉航经水域操纵要求和特点，进而制订防台应急预案，明确防台锚地、撤离路线，并向防台锚地辖区海事机构报送防台计划。辖区海事机构汇总各标段防台计划，根据辖区锚地资源和航路情况，对各标段防台计划、锚地、撤离路线进行确认。各标段将经海事部门确认的防台计划、防台预案对各船舶和相关人员进行培训，组织相关人员实地考察防台锚地和撤离路线。启动防台应急预案后，各标段按预案执行各项防台工作，及时将船舶撤离和进入锚地情况通报广东海事局，海事局协调、指挥船舶进入计划防台锚地，出现计划锚地不能进入的情况，由海事部门及时协调、指挥进入备选锚地。与此同时，在防台应急过程中，港珠澳大桥管理局、施工单位项目部、各船舶、海事部门、政府相关应急管理部门保持密切联系，及时通报信息。防台应急结束后，大桥管理局、施工单位、海事部门及时总结，对出现的问题和存在的不足及时整改完善。

最后，在台风季来临前、台风袭击期、台风过境后都做好充足的应对准备工作。海事局大桥办要求各建设单位、施工单位和施工船舶必须贯彻"预防为主、防抗结合"的指导思想，落实防台安全主体责任，做好各项防台工作。在各个阶段，做到台风过境前完善统筹各施工单位防台水域计划，做好防台演练工作；台风过境时随时掌握热带气旋、施工单位和建设单位防台情况的最新动态，按照防台应急预案，全面落实船舶或设施防台各项安全保障措施；台风过境后做好水上交通事故和水域污染事故的调查处理工作，听从指挥，统一部署，做好撤离防台水域工作。

此外，为确保突发事件应急处置及时到位，海事局大桥办还分别在现场布置"海巡1536""海巡1550"两艘巡船，成立了港珠澳大桥建设海上应急反应指挥体系，制定了应急反应流程，组建港珠澳大桥"平安水域"志愿救助队伍，在中国海上搜救中心和广东省海上搜救中心的指导下，圆满完成桥区水域水上交通突发事件应急反应的组织、协调、指导和指挥工作。

在海事局大桥办指导下，9年来启动防台应急响应37次，安全撤离施工人员45 945余人次、施工船舶约2338艘次，保障大桥建设防台安全。实践证明，成效源于海事局大桥办坚持的"特殊工程要有特殊举措"的管理思路，具体问题具体分析，明确相关机构职责；贯彻"宁可防而不来，不可来而无备"的工作原则，完善防台应急体系，建立科学合理的施工船舶防台预警及应急机制。这些既有效应对了防台突发事件，又为大桥建设提供了优质的水上交通安全保障服务。

第三章　安全保障

第一节　航行保障

作为投资规模超过 1000 亿元的超级水上工程，港珠澳大桥集合了路、桥、岛、隧工程；作为涉及粤、港、澳三地的超级工程，大桥建设对珠江口水上交通影响重大。

为了有效保障珠江口水域通航环境，防治船舶污染海域，保障桥区水域船舶航行安全、施工作业安全和大桥自身的安全，交通运输部海事局，广东海事局、港珠澳大桥管理局等单位在工程前期、工程设计及施工期的不同阶段做了大量的通航安全保障工作。其中，在施工建设期间，海事局大桥办也主动提供航行保障服务，构建航行安全保障的"五层次管理体系"[①]，厘定航行安全保障的"六方面工作内容"[②]，采取了一系列通航安全保障措施。

实践证明，海事局大桥办的水上通航安全保障工作取得了巨大的成功。

[①]　五层次管理体系：总预案、合作框架协议、总体规划方案、实施协议和补充协议、实施细则及工作指南和办理指南。

[②]　六方面工作内容：海事监管与协调、海事监管设施设备配置、现场巡航与监管、宣传宣贯与海图改版、专项课题研究、应急处置。

海事局大桥办如何取得这些傲人的成绩？如何开展水上安全航行保障实践工作？

一、革新管理体系：构建航行安全保障的"五层次管理体系"

港珠澳大桥建设期间，项目施工会影响过往船舶原有的通航秩序，为了防止过往船舶误入施工水域，避免过往船舶和施工船舶在施工水域发生碰撞事件，维护主体工程建设相关水域的通航环境和通航秩序，保障主体工程建设期间船舶通航安全、大桥施工及桥梁安全，港珠澳大桥管理局与海事局大桥办共同构建了一套海事管理与施工安全保障相结合的五个层次的通航安全管理体系（如图 3.1 所示）。该体系确定了通航安全保障总体目标，明确了双方的职责与分工，确定了工作原则与内容，实施方式与费用，以及通航安全保障的具体实施细则。

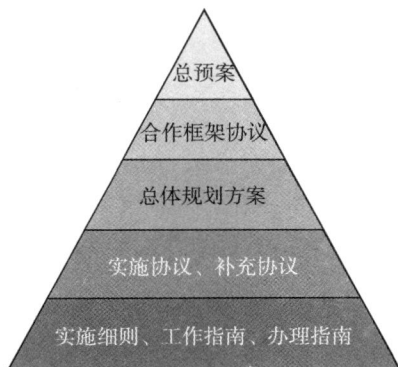

《港珠澳大桥建设水上交通安全监督管理总预案》
《港珠澳大桥主体工程建设通航安全保障合作框架协议》
《港珠澳大桥主体工程建设通航安全保障总体规划方案及实施工作管理办法》
《港珠澳大桥主体工程建设通航安全保障专项课题研究实施协议》 《港珠澳大桥主体工程建设通航安全保障宣传与宣贯实施协议》 《港珠澳大桥主体工程建设通航安全保障海事协调与服务实施协议》 《港珠澳大桥桥区水域应急指挥及管控中心建设实施协议》 《港珠澳大桥主体工程建设通航安全保障海事监管设施设备配置实施协议》 《港珠澳大桥主体工程建设通航安全保障海事现场巡航与监管实施协议》
《港珠澳大桥主体工程建设通航安全保障总体规划方案实施细则》 《港珠澳大桥建设海事现场工作指南》 《港珠澳大桥建设海事业务办理指南》 《港珠澳大桥建设施工船舶防台工作指南》

图3.1　五层次管理体系

（一）体系核心：《水上交通安全监督管理总预案》

《水上交通安全监督管理总预案》作为港珠澳大桥建设海事管理工作总的指导性文件，既是海事局大桥办开展海事管理工作的总体依据，也是港珠澳大桥参建各方制定安全生产措施，保障施工期通航安全的指导性文件。其中，《总预案》明确了"通过有力的组织机构，确保水上交通安全管理高效到位；通过科学的交通组织，确保桥区水域船舶航行安全畅通；通过统一的管理服务，确保大桥施工作业顺利有序进行；通过高效的协调机制，确保大桥建设工作问题及时解决；通过完善的航海保障，确保大桥水域航路航线清晰明了；通过完善的应急体系，确保大桥水域险情事故及时处置"的工作目标，统一了保障思路与方案，为共同维护珠江口水域水上交通安全打下了坚实基础。

（二）体系基石：《通航安全保障合作框架协议》

为贯彻落实《总预案》的要求，海事局大桥办与港珠澳大桥管理局于2010年11月6日签署了《港珠澳大桥主体工程建设通航安全保障合作框架协议》，明确了双方的工作职责和分工，奠定了航行安全保障的"五层次管理体系"的合作基调和体系基石。通过《合作框架协议》，双方明确港珠澳大桥主体工程建设通航安全保障海事协调与服务、巡航与管理、宣传与宣贯等六个方面的工作由海事局大桥办主导实施，大桥管理局提供资金支持并配合相关工作；海事管理基地、导助航工程等三项工作由大桥管理局组织实施，海事局大桥办负责提供技术支持。

（三）体系主体：《通航安全保障总体规划方案》

为了有计划地开展通航安全保障工作，科学合理地使用主体工程海事安全及航道维护费，海事局大桥办与大桥管理局共同制订了《港珠澳大桥主体工程建设通航安全保障总体规划方案》，组成了航行安全保障的"五层次管理体系"的核心内容和体系主体。《总体规划方案》规定通航安全保障工作需按照"海事局主导实施，管理局全力配合"的模式组织实施。《总体规划方案》侧重单项保障工作，就主体工程范围内的航标工程、VTS补充工程、海事管理基地和航标基地工程等配套工程的建设内容、建设要求及主体工程通航安全保障所涉及的海事协调与服务、宣传与宣贯、海事管理设施设备配置、现场巡航与管理、专项课题研究、应急处置等各项具体工作的原则和内容进行了明确，初步规划了各项工作的实施方式和实施计划，并对费用进行了匡算。

（四）体系支撑：《实施协议》和《补充协议》

广东海事局与港珠澳大桥管理局签订了《港珠澳大桥主体工程建设通

航安全保障专项课题研究实施协议》《港珠澳大桥主体工程建设通航安全保障宣传与宣贯实施协议》《港珠澳大桥主体工程建设通航安全保障海事协调与服务实施协议》《港珠澳大桥桥区水域应急指挥及管控中心建设实施协议》《港珠澳大桥主体工程建设通航安全保障海事监管设施设备配置实施协议》《港珠澳大桥主体工程建设通航安全保障海事现场巡航与监管实施协议》等六个实施协议，以及《港珠澳大桥主体工程建设通航安全保障补充协议》。其中，《实施协议》对海事协调与服务、宣传与宣贯工作、现场巡航与管理工作、海事管理的设施设备配置及专项课题研究等各项通航安全保障工作的工作内容、实施方式进行了明确，对各项工作的年度费用进行了计划，确定了资金的使用、支付、管理等原则。在工程推进和通航安全保障工作开展中，为解决有关实施协议计划和现场管理实际工作情况存在差异，以及有关条款的约定不适应现场和结算工作的问题，双方又及时签订补充协议，对相关事项进行调整。

（五）体系指引：《实施细则》

为了具体指导大桥建设水上交通安全管理工作，海事局大桥办牵头制定《港珠澳大桥建设海事现场工作指南》《港珠澳大桥建设海事业务办理指南》《港珠澳大桥建设施工船舶防台工作指南》等文件，对大桥建设涉及的工作原则和实施模式、海事协调与服务、现场巡航与管理、船舶防台、危险品与防污染管理等海事工作提出了详细的指导性建议。

海事局大桥办构建"五层次管理体系"，全面部署安全工作。以部海事局于 2009 年 11 月 24 日印发实施的《港珠澳大桥建设水上交通安全监督管理总预案》为核心，明确了工作内容、总体思路、总体方案、航海保障方案、应急处置方案等，是实施港珠澳大桥建设水上交通安全工作的纲领性文件；以广东海事局和港珠澳大桥管理局于 2010 年 11 月 6 日签订的《港珠澳大桥主体工程建设通航安全保障合作框架协议》为基石，阐明双方就主体工程建设期通航安全保障进行全面合作，明确了工作内容、分工和责任，指出广东海事局主导实施"海事监管与协调、海事监管设施设备配置、现场巡航与监管、宣传宣贯与海图改版、专项课题研究、应急处置"等六个方面工作；以广东海事局和港珠澳大桥管理局于 2011 年 12 月 13 日联合印发实施的《港珠澳大桥主体工程建设通航安全保障总体规划方案》为主体，明确了主体工程范围内的航标工程、VTS 补充工程、海事监管基地和航标基地工程等配套工程的建设内容、建设要求及主体工程通航安全保障所涉及的海事协调与服务、宣传与宣贯、海事监管设施设备配置、现场巡航与监管、专项课题研究、应急处置等各项具体工作的原则和内容，初步规划了各项工作的实施方式和实施计划，匡算了费用；以《实施协议》《补充协议》为支撑，《实施协议》明确了通航安全保障工作的具体实施方式、费用与支付、责任与义务，《补充协议》进一步调整完善了《实施协议》的约定，使双方协议更满足实际工作需要；以《海事现场工作指南》《海事业务办理指南》《防台工作指南》等实施细则为指引，提出了详细的指导性建议。总之，"五层次管理体系"为保障大桥施工安全和通航安全奠定了坚实的基础。

二、明确工作内容：厘定航行安全保障工作

在航行安全保障的"五层次管理体系"的基础上，根据《合作框架协议》与《通航安全保障实施协议》的要求，海事局大桥办明确工作内容，厘定"海事监管与协调、海事监管设施设备配置、现场巡航与监管、宣传宣贯与海图改版、专项课题研究、应急处置"等六个方面具体工作内容，并在前期筹备、施工建设和大桥营运三个阶段统一实施。其中，"现场巡

航与监管、应急处置"见第二章安全管理章节。

（一）协调与宣传

海事局大桥办的"协调与宣传工作"贯穿于大桥建设的各个阶段。海事局大桥办需要承担"统筹实施，保障施工通航双安全"的责任。具体实践中，由海事局大桥办统筹实施的工作包括以下三方面内容：

一是科学规划桥区水域航路调整。按照工程施工进度安排，合理规划桥区水域航路，制定航路航道航行要求，落实到位相关宣贯工作，节省航运企业运营成本，保障过往船舶通航安全。其中，第三阶段桥区水域航路调整时，原定全封江海直达航道，通航船舶全部归拢至九洲航道和收窄的青洲航道。为了保障高速客船的便利和安全，决定开辟专门通道供高速客船航行，仅此一项，累计为高速客船节省航行时间约 500 小时、节省里程近 12 500 海里，节省油料开支 1 200 多万元。

二是定制水上通航方案。针对沉管浮运安装、大型构件拖带运输等重点工程，量身打造并贯彻落实现场警戒和交通组织方案，制作和派发运输拖带航线示意图，第一时间对外发布航行安全信息。

三是共同协商解决问题。对涉及影响公共安全的施工作业，积极听取相关单位的意见和建议，共同探讨、实现多赢。

1. 前期筹备阶段

在前期筹备阶段，海事局大桥办以高度的责任感和使命感，全面服务于港珠澳大桥建设。一方面，在工程可行性研究阶段，海事局大桥办积极配合做好项目相关研究审查及水深扫测、水文环境、通航环境观测等管理工作。在具体实践中，海事局大桥办参与通航净空尺度论证、通航安全影响论证等专题审查，根据海事管理经验，为工程建设提出相关意见与建议；

利用专业技术力量完成了项目桥区水下结构物扫测、非通航区船舶现状观测、海洋观测等，为工程可行性研究提供优质服务；开展工程前期水文测量、地质勘探等水上水下活动许可或备案工作，组织开展现场检查、交通组织等现场监督管理工作，全面履行海事工作职责。

另一方面，在工程设计阶段，海事局大桥办成立了海事管理机构，并参与了项目研究审查，编制了水上交通安全监督管理总预案。在具体实践中，海事局大桥办组织开展了《施工通航安全评估》《施工及运营期船舶交通管理系统研究》《航标、助航设施及安全管理研究》等研究的审查工作，并对建设期施工现场警戒船艇、导助航设施等通航安全保障设施设备配置和营运期海事管理船艇及基地设施、桥涵标及桥区水上助航标志等导助航设施，VTS、CCTV 现场监控设施等水上交通安全设施设备配备提出相关意见与建议。

2. 施工建设阶段

在施工建设阶段，海事局大桥办按照"及时、全面、广泛"的原则，利用召开新闻发布会、印发宣传资料、举办培训班、发布航行通（警）告、召开宣贯会等各种有效形式，开展宣贯工作。

一方面，在"协调与服务"上，为了贯彻落实交通运输部、部海事局有关大桥建设海事管理、工程建设方面的工作部署，海事局大桥办统筹解决大桥建设期间涉及水上交通安全的有关问题，借助专业力量，系统研究涉及大桥建设的热点难点问题。在此过程中，海事局大桥办主要借助会议手段解决争端问题：通过部海事局领导小组及海事局大桥办主任会议、粤港澳三地海事机构联席会议、广东海事局领导小组会议、海事局与大桥管理局的双周例会、季度安全总结会、专业研讨会等，协调解决大桥建设期间涉及水上交通安全的有关问题；通过联络员会议制度、定期信息通报制度、应急反应协调制度和联系协调成员单位年度会议制度、加强各方的沟通联系和信息交流，建立港珠澳大桥建设水上交通安全保障工作联系协调长效机制。

另一方面，为引导船舶安全通过施工水域，海事局大桥办遵循"及时、全面、广泛"的原则，开展相应的宣贯工作。主要是对工程建设期间的重大事项、重要活动及涉及的航路调整、航行规定变化等事项及时向社会和有关单位进行宣贯。在此过程中，海事局大桥办综合利用多方媒体渠道：其一，通过印发宣传资料、召开新闻发布会及利用电视、报纸、广播等线上媒体进行"大范围"宣传。其二，通过召开宣贯会、印发宣传图册等线下形式，进行"小范围"目标性宣贯，将航路调整和航行规定变更信息告知船舶、船公司、船员及相关港航单位和人员。例如，伶仃临时航路三次调整及每一阶段沉管浮运安装都会召开专门宣贯会。其三，通过培训参建各方相关人员，进行"一对一"针对性培养，主要侧重于海事法律法规、船舶管理、通航安全保障等相关知识。实践证明，在各方领导的高度重视中，在各部门的全力配合下，海事局大桥办的宣贯工作取得了良好的成绩。据统计，自开工建设以来，海事部门成功组织桥梁段12个阶段、岛隧段3次伶仃航道、龙鼓西航道2个阶段共37次的航道（路）调整转换和11次高速客轮航线的调整更改、33节沉管浮运与安装以及东莞、中山大型构件运输等的宣贯工作，共发布航行通（警）告300余次。

（二）航标航测保障

海事局大桥办的"航标航测保障工作"集中于大桥施工建设阶段。尤其在桥隧工程建成后，桥区水域由建桥前的自由通航水域归拢到通航孔桥中通过，水中桥墩对水流的影响及桥隧通航净空尺度对船舶通航的限制，容易引发船桥碰撞事故。为了保障船舶通航安全和桥隧自身安全，海事局大桥办统一协调，充分运用交通运输部南海航海保障中心的航标、测绘、通信业务和各种航标航测保障资源，为协助大桥建设配置必要的通航安全保障设施、设备。

1. 前期筹备阶段

在前期筹备阶段，为了保障船舶航行安全，引导船舶安全通过桥区水域，海事局大桥办十分重视导助航设施建设，进行相应的导助航工程建设。海事局大桥办、港珠澳大桥管理局共同开展了"施工及运营期船舶交通管理系统研究""航标、助航设施及安全管理研究"等项目研究，按照"三同时"要求，提出了营运期导助航设施、现场监控设施等水上交通安全配套设施设备方案，以保障港珠澳大桥水域船舶通航安全和施工作业安全、有序。同时，双方共同编制《港珠澳大桥主体工程建设通航安全保障总体规划方案》，明确了导助航工程的原则和内容，规划了各项工作的实施方式和实施计划。

2. 施工建设阶段

在施工建设阶段，海事局大桥办根据《港珠澳大桥主体工程建设通航安全保障总体规划方案》的要求，指导各级海事机构开展导助航工程的建设工作、构建以"导航建管、助航建管"为核心的航标航测保障服务平台、按航道助航标与海上作业区专用标分类分别组织实施航行保障。

在"航标保障"方面，航标工程建设在给予过往船舶提供导助航服务，保障港珠澳大桥水上交通安全方面具有举足轻重的作用。为保障航标正常连续工作和出现故障的及时反馈与修复，以提高安全服务效率，降低航标维护成本，实现航标的高效、规范管理，海事局大桥办与大桥管理局决定由海事大桥办提供技术指导，负责组织所需要的专项设计审查、审批、工程验收。航标工程的设计、施工、监理及验收按国家规定的建设程序执行。同时，海事局大桥办组织各级海事机构，指挥他们有效利用航标巡查巡检、不定期夜航检查、设置 AIS 虚拟航标、航标遥测遥控以及重点航标安装实体 AIS 航标等手段，进一步克服大桥水域航标数量大、种类多、变化快、调整工期短、异常航标修复时限短、航标作业海况复杂、天气多变等不利因素，最终完成各项航标保障和应急任务。据统计，海事局大桥办组织广州航标处设置、调整和撤除各类航标 1026 座次。

在"航测保障"方面，海事局大桥办依托专业优势，整合现有技术资源，大力进行科技创新，组织各参建主体，共同开发和维护适应大桥建设实际需要的扫海测量、制图、信息系统和通航环境数据服务系统，统一提供扫海调整和多种水深测量服务。具体实践中，海事局大桥办依托广州海事测绘中心的资源和技术力量，成立港珠澳大桥水上安全保障系统工程建设海事测绘专业技术支持小组，负责港珠澳大桥建设涉及扫海测量测绘的技术支持等工作。前期完成桥轴线两侧水下障碍物扫海。建设期采用多种手段对广州港出海航道、临时航道、九洲航道、江海直达航道、青洲航道、沉管浮运水域、防台避风水域，共计进行了 36 项扫海测量，扫测面积达 103.89 平方公里；为满足施工宣贯、海事监管等需求，制作了 55 幅专题示意图，总印数 10 余万份，最终集结成《港珠澳大桥施工宣传及海事工作图册》（上下两册）；完成涉及港珠澳大桥水域的《九州港》《伶仃航道》《东澳岛至九洲列岛》《隘洲列岛至大屿山》等四幅海图周期性测量工作，更新 3 版次，同时，新测量和出版一幅完整覆盖大桥水域的《港珠澳大桥及附近》海图；开发建成和维护"港珠澳大桥通航环境数据服务系统"。通过开展水柱数据和反向散射数据采集处理、应用基于 CUBE 的多波束数据处理流程、使用高分辨率遥感影像制作专题图等科技创新，提质增效，加大新技术、新工艺的实际应用，形成一套较为成熟的大型跨海桥梁工程的模式，获得业界认可，在之后的虎门二桥、深中通道等大型涉水项目上得以应用和迅速推广。

（三）设施设备配置

海事监管设施设备配置是港珠澳大桥主体工程建设的配套工程，在交通运输部批复的初步设计文件中已纳入。在充分利用现有资源、统筹建设和运营期需求的原则下，结合《港珠澳大桥主体工程建设通航安全保障总体规划方案》的要求和现场监管的需要，广东海事局和港珠澳大桥管理局共同制订船艇配置计划和方案。大桥建设期，共在现场配置 2 艘监管趸船和 8 艘海巡船艇。为满足海巡船艇停靠、交通和办公需要，建设期还在珠海唐家营地配置 1 处临时办公楼和 1 个临时的港珠澳大桥岛隧工程施工总营地（海事交通）码头。设施设备配置为保证安全保障工作的正常进行打下了坚实基础。

（四）专题研究

为科学分析大桥建设对通航环境和通航安全的影响，提升管理水平，合理制定保障措施，广东海事局联合港珠澳大桥管理局，共同开展"港珠澳大桥主体工程建设通航安全保障科研规划研究""桥隧工程水上交通安全保障费用标准专题研究""桥标大型构件运输护航技术条件研究""港珠澳大桥主体工程建设通航安全保障工作中期评估与后期通航安全保障工作需求研究""港珠澳大桥主体工程营运期桥梁船撞风险与对策研究""施工期船舶航路规划及通航管理研究""港珠澳大桥施工船舶防台规划研究""港珠澳大桥主体工程建设通航安全保障技术经验与管理经验研究""港珠澳大桥营运期通航安全管理与应急处置研究""VTS 补充工程深化研究"等 12 项课题研究，解决了保障费用、应急处置、通航规划、桥梁防撞等难题，推动了水上交通安全治理现代化。

第二节　施工保障

港珠澳大桥建设涉及粤港澳三地政府、四方海事机构，有 4 家业主单位和 30 多家参建单位，联动珠三角 300 多家港航单位、航运企业。在施工高峰期间，有近千艘施工船舶、近万名施工人员同时作业，因此，工程的任何一个环节都不允许有丝毫的疏忽，任何一点瑕疵都会因为公共安全而牵动人们敏感的神经。其中，水上施工安全工作尤为重要，因为建设施工期间的某些特殊施工作业自身安全需求高，对外部通航环境要求高，工程必需的临时性设施、工程船舶、运料船、交通船舶等也使得工程及其附近水域的通航环境进一步复杂。为了避免施工造成过往船舶碰撞事故、保护施工人员的人身安全、保障施工进度的顺利运行，海事局大桥办主动提供施工保障服务，采取特殊的必要措施防止外部通航因素对施工作业产生不利影响。

一、统筹协调：建立保障会议机制

在前期筹备阶段，海事局大桥办认识到，作为首次承担安全保障服务工作的海事部门无法总结前人经验，与施工单位完全不同的组织架构和实施手段的行政机构也无法沿用传统经验。于是，海事局大桥办明确"统筹协调"是其主要任务，以与其他参建主体进行顺畅、有序沟通为关键手段，以组织协调工作、建立保障会议机制为着力点。

一方面，海事局大桥办依托港珠澳大桥建设海事管理的组织架构、工作模式以及现有的组织协调方式，针对4家业主、30多家施工单位、粤港澳三地四方海事机构以及珠江口相关港口航运企业，结合沉管浮运与安装、航道航路调整转换、大桥构件拖带运输等各项重点工作，充分了解相关工作的需求、目标，进一步完善组织协调工作的前瞻性、针对性。

另一方面，海事局大桥办努力提升大桥建设海事现代化治理能力，即强化业主、施工、现场管理、相关港口航运单位的多元共治，营造各方各归其位、各负其责又协同一致的工作局面，充分保障组织协调的科学性、高效性。具体实践中，随着大桥建设深入推进，对施工保障要求也在时刻发生变化，海事局大桥办适时完善调整现行组织协调机制，以满足施工保障工作要求；在现有沟通联络机制的基础上，海事局大桥办进一步发挥沟通协调纽带的核心作用，主动向部海事局汇报大桥建设情况，争取港澳海事机构支持配合，密切业主、施工以及有关港口单位沟通联系，强化现场管理单位的指导督查；海事局大桥办充分征求听取大桥建设涉及的各个单位对通航安全保障工作的意见和建议，及时调整相关工作。

海事局大桥办建立了会议机制，根据施工作业时间安排和不同的工作需要，组织召开各类系列会议，统一审议主管部门的施工保障方案，统筹协调施工作业区现场保障工作。该机制在前期筹备阶段便发挥了重要作用，主要体现在海事局大桥办提前谋划，确定海事服务新思路。实践中，在港珠澳大桥工程可行性研究、初步设计阶段，海事局大桥办提前谋划：一是策划保障方案。针对港珠澳大桥建设中的沉管浮运安装、海上人工岛建设、大型构件运输、临时航道建设等重点节点工作，提前组织策划水上交通安全保障总体方案。二是比选工程方案。深入分析各拟选工程方案中通航安全保障的特点和需求，为建设单位比选方案提供技术支撑。三是优化施工方案。在具体建设施工过程中，海事局大桥办提前介入，提供专业的施工安全保障建议，为建设施工单位节省了大量资源。例如，九洲航道桥建设前，建设单位规划拟将现九洲航道东移，海事局大桥办结合九洲航道水域实际情况，深入分析通航安全现状和需求，认为无须东移航道也能保障施工作业和社会船舶双安全，仅此一项，就为建设施工单位节省航道建设维护等费用一亿余元。四是落实安全保障资金。海事局大桥办大胆探索安全保障项目化工作方法，积极配合港珠澳大桥管理局将通航安全及航道维护费作为专项资金纳入工程概算中。

二、组织实施：实践交通管制措施

港珠澳大桥主体工程建设周期长达九年，海事局大桥办针对大桥主体工程建设过程中不断出现新的问题和风险，发挥"我担当、我尽责"的精神，组织开展安全施工保障实践互动，实践交通管制的具体措施。海事部门采取了临时航路调整，设置禁航区，对桥梁大型构件运输与吊装、沉管浮运与安装实施护航与警戒等措施。其中，在港珠澳大桥主体工程建设中，临时航道调整、禁航区设置是大桥坑基施工、箱梁架设、沉管基槽施工与沉管沉放作业顺利安全实施的前提条件；桥梁大型构件运输与吊装和沉管浮运、安装是大桥建设的关键工序和重要环节，直接关系到大桥工程的成败。实践表明，海事局大桥办在实践交通管制措施的过程中取得颇多成效。

（一）调整施工临时航路

港珠澳大桥穿越珠江口九洲航道、江海直达船航道、青洲航道。桥梁桩基施工、桥墩承台安装、箱梁架设等施工作业，需要划定一定的水域供施工专用。不仅如此，由于施工水域的划定，改变了原有开敞水域船舶航行的状况，而且九洲航道、江海直达船航道、青洲航道等几条主航道上船舶流量大、通航环境复杂，如不对施工期船舶航路进行科学、合理规划，势必会对桥区水域船舶航行和施工安全产生重大影响。海事局大桥办高度重视航道航路调整转换工作，充分协调社会船舶航行需求和施工造成航道航路调整需要之间的矛盾，合理制订通航方案、航标布设方案等，科学组织、成功实施各阶段航道航路调整转换工作，确保社会船舶安全、有序通过大桥建设水域和顺利施工。

合理设置施工期穿越施工水域的临时航路是施工期通航管理的一项重要工作，为安全施工保障奠定了基础。在大桥主体工程建设前期，具有前瞻性意识的海事局大桥办与大桥管理局开展合作，对施工期船舶航路规划开展了大量深入的研究，制订了详细的施工期航路调整方案。海事局大桥办秉持着问题意识开展临时航路调整工作。

1. 桥区临时航道调整通航安全保障工作

在大桥主体工程施工建设期，海事局大桥办根据施工团队要求和船舶航行习惯，将临时航路调整工作分为桥区临时航道调整和岛隧区航道调整两部分。由于桥区临时航道调整，涉及水域广、部门多、航线杂，对船舶通航影响大。为了满足大桥工程施工需要，确保大桥施工安全和船舶通航安全，根据大桥施工组织计划，海事局大桥办主动实施了桥区临时航道调整及通航安全保障工作。

港珠澳大桥主体工程施工时三座航道桥和非通航孔桥同步开工，桥梁施工在整个水域全面展开。如何保证在桥梁施工组织、施工进度和施工安全的同时，保障航道的畅通和安全，是大桥建设中需要妥善解决的问题。为了高效解决问题，配合施工团队的工作，海事局大桥办制定了桥区航道调整工作程序，试图标准化、高效化地完成工作。具体而言，施工单位首先根据施工需要向大桥管理局提出申请，经大桥管理局审核、统筹后向海事局大桥办提出申请，提交海事局大桥办审查，海事局大桥办组织对施工单位提出的施工方案或调整方案、保障方案进行会审。会审通过后，海事局大桥办对航道进行扫测、配布航标，并发布航行通告，开展宣贯工作，并且在航道调整后进行现场警戒、维护。（如图3.2所示）

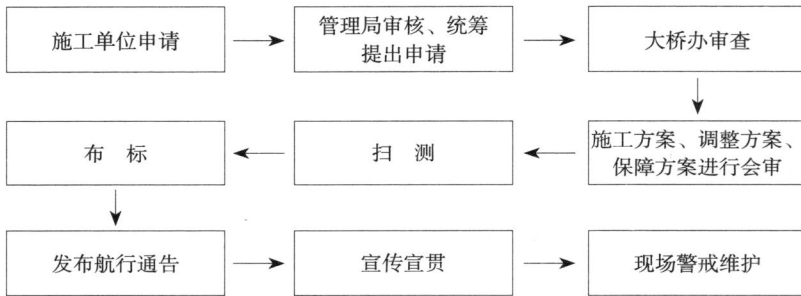

图3.2 临时航道调整工作程序

在方案会审通过后，海事局大桥办利用海事管理经验和既定程序开展保障工作，通过布设航标、警示牌和警示灯，发布临时航路调整的航行通告，引导船舶通过临时航路，保障过往船舶通航安全和桥区施工安全；通过在桥区施工现场上下游水域设置警戒线，配置应急拖轮和警戒船艇，加强对相关水域的管控；通过召开宣贯会议，派发宣传资料，加大宣传宣贯力度，及时传达航路调整信息等有效措施，确保桥区12个阶段航路调整期间施工作业安全及通航船舶航行安全。

2. 岛隧区航道调整通航安全保障工作

岛隧区施工工作较为特殊，沉管隧道穿越伶仃航道，沉管隧道施工前地质勘探、沉管隧道基槽挖泥作业及沉管安装作业都需较长时间占用航道水域。为了保证伶仃主航道的安全、畅通，海事局大桥办与大桥管理局，根据沉管隧道施工组织，制订了系统、严谨的临时航路调整通航安全保障工作方案。据统计，海事局大桥办共进行了三次伶仃航道转换和两个阶段的龙鼓西航道调整。

在实践中，海事局大桥办高度重视伶仃临时航道转换和龙鼓西临时航道调整期间的通航保障工作，并开展了卓有成效的工作。海事局大桥办通过成立现场管控工作指挥部和现场工作部，统一部署和实施现场交通管控工作，明确各人员职责，以确保工作落实到位，加强对航道调整期间的通航安全保障；通过制订管理工作方案，对通航安全保障工作进行科学规划和设计，设置警戒线，部署管理力量，实施现场管控；通过充分发挥 VTS 专台作用，加强对伶仃临时航道和龙鼓西临时航道通航船舶的交通组织管理，加派具有船长资历的专人在大桥 VTS 专台值班，提前通过 VHF09 频道加密重复播发伶仃临时航道和龙鼓西临时航道船舶安全航行通告内容，以做好使用临时航道的船舶进出港计划工作；通过在伶仃临时航道附近水域上下游各设置了三道警戒线（预警警戒线、拦截警戒线和物理封锁警戒线），在所设置的各警戒线上安排执法人员、海巡船艇以及其他辅助警戒船艇；通过召开宣贯会议，派发宣传资料，及时传达伶仃临时航道船舶安全航行信息及相关要求；在相应位置布设专用标和临时助导航设施，清晰指示禁航区范围和临时航道轴线与走向。

据统计，海事局大桥办成功组织实施了 3 次伶仃航道转换，每次伶仃航道转换均召开新闻发布会，共召开大型新闻发布会 3 次。仅第一次航道转换（2011 年 4 月 22 日 12 时起至 6 月 15 日 12 时）使用临时航道船舶共 9910 艘次（其中进口 4948 艘次，出口 4962 艘次），5 万吨级及以上船舶共 1664 艘次，共出动巡逻船 143 艘次，出动人员 1280 人次，巡航里程

3663 海里。现场安全提醒船舶 530 艘次，拦截船舶 80 艘次。

（二）设置禁航区

设置禁航区的工作仅针对沉管施工这项任务，因为沉管隧道施工区域穿越龙鼓西航道。在沉管施工过程中，施工团队需要块石基床清淤、碎石基床整平、沉管安装、回填等作业。其间如有船舶误闯施工水域触碰沉管管节将对大桥施工和水域通航安全造成重大影响。在龙鼓西航道附近的沉管区域内为天然航道，船舶自由航行，且船舶通航密度大。为了保障港珠澳大桥主体工程岛隧龙鼓西水域沉管施工建设的顺利开展和施工水域的通航安全，海事局大桥办对龙鼓西航路沉管施工水域设置了禁航区，并通过设立禁航区，增设和调整相应的助导航标志，确保施工和船舶通航安全。

设置禁航区是一种临时性施工通航安全保障的措施，因为其可以有效防止船舶误闯禁航区。例如，海事局大桥办在沉管 E15~E22 施工龙鼓西航路对应海域精准地设置禁航区，具体区域是在禁航区上下游各 800 米，北侧总宽度 1500 米，南侧总宽度 1280 米。为此，海事局大桥办在禁航区外围设立隧道施工警戒区，具体为警戒区西边界至伶仃临时航道右边线以东100 米处，东边界至龙鼓西临时航路左边线，上下游各 1200 米；同时，海事局大桥办在禁航区南北侧各 800 米处设置禁航灯浮标，在施工警戒区域南北各设置 7 座警示灯浮标。在此区域内，海事局大桥办协助施工团队完成了 E15~E22 沉管隧道建设工作。

（三）为大型构件运输与吊装护航与警戒

港珠澳大桥桥梁构件在东莞、中山两地预制拼装，东莞预制基地至施工现场距离约 55 海里，中山预制基地至施工现场距离约 28 海里。据统计，构件从预制场至桥位运输共需 633 航次，运输量大、航次密集，运输途经水道穿越跨江桥梁和跨江电缆，相互影响大，而且拖带船队船速慢，操作受限，拖带作业难度大。为了规范大型构件运输手续办理、运输组织、通航安全保障等各项工作，海事局大桥办开展大型构件的护航工作，同中山海事局、东莞海事局及相关参建单位共同编制了构件运输工作手册，成立了专门的组织机构，制订了详尽的运输组织和通航安全保障方案，建立了有效的应急管理机制。在实践中，根据大型构件运输路线和施工水域的差异，海事局大桥办将工作分为东莞基地和中山基地的大型构件运输与吊装两部分。

1. 东莞基地大型构件运输与吊装

东莞预制基地主要负责建造 CB03 标墩台，基地位于东莞市洪梅镇金鳌沙村大汾北水道西岸，航路全程约 55 海里，历时约 11 小时。由于东莞水道是东莞市货运量最大的"黄金水道"，整个航段都属于交通密集港区及通航环境复杂的航段，特别是途经的虎门大桥、南沙港区等附近水域，船舶流量大，拖带作业操纵避让难度大，沿途渔船、渔网较多。而且构件本身形状和重量大，其运输方式不同于一般货船，大型构件的运输风险相应较大。尤其是出运路线上，有些航段由于大型构件运输受途经航道条件的制约，存在较大的通航风险。据统计，墩台从预制场至桥位现场运输共计 221 航次，自 2013 年 6 月 18 日开始，于 2015 年 9 月 21 日结束，海事局大桥办配合施工单位开展 CB03 标段预制墩台运输工作。

在构件运输的前期筹备阶段，为了协调处理构件运输相关问题，海事局大桥办率先成立了港珠澳大桥桥梁工程 CB03 标段预制墩台出运工作领导小组，主要采取联席会议形式，定期召开领导小组联席会议，通报阶段工作计划、运输航次、运输方案、安全保障措施，并在必要时，根据成员单位提议及时召开领导小组临时联席会议，专题协调、讨论相关事项。同时，按照施工保障流程，在 CB03 标墩台总体运输作业开展前，运输单位委托有资质的单位编制了通航安全评估报告，并通过海事局大桥办组织评审。在此基础上，运输单位向海事局大桥办申请办理水上水下活动许可证，发布相关航行通告。海事局大桥办组织了运输方案和现场管控方案审查会议，协助运输单位制作了宣传示意图并完成发布工作。在实际工作中，每次运输作业前，运输单位完成船舶适拖证书办理后，都需要办理船舶签证，然后由东莞海事局组织航前会议，播发相关航行安全信息，落实清道护航、现场警戒船艇人员，以及相关工作安排。

在构件的运输护航阶段，由于东莞水道整个航段都属于交通密集港区及通航环境较为复杂的航段，海事局大桥办非常注重运输的安全问题，统筹组织运输与吊装全局，并委托东莞沙田海事处指派海巡艇进行清道护航。实际工作中，在拖航开始前 24 小时，拖带工程方将拖航计划以书面形式向沙田海事处及东莞 VTS 中心、广州 VTS 中心报告。东莞 VTS 中心、沙田海事处接到拖航预报后，搜集和评估拖带航行水域情况及危险天气信息，特别是突发性雷雨大风、台风、能见度不良等情况对装载及拖带船队航行安全的影响，提醒提前做好安全预防工作及选择合适的拖航时间。确定拖航时间后，沙田海事处及时将拖航信息通报各相关单位和东莞 VTS、广州 VTS。然后，海事部门护航船艇提前 40 分钟到达现场，清理碍航锚泊船、渔船，维护好附近水域通航秩序，并加强与东莞 VTS、广州 VTS 沟通协调，起拖前向东莞 VTS 中心报告。在整个拖航过程中，东莞 VTS 密切注意拖带船队动态及全航段船舶动向，在 CH10 发布航警信息，提醒过往船舶注意避让。

据统计，东莞基地从 2013 年 6 月至 2015 年 9 月，东莞海事局为 CB03 标段预制墩台拖带护航 221 航次。CB03 标段共运输大型构件 111 个，其中从沙田洪梅钢材城码头拖带 109 个大型构件，从麻涌淡水河码头拖带 2 个大型构件。为了保障 CB03 标段预制墩台拖带护航的实施，海事部门共出动船艇 663 艘次，出动执法人员 1 764 人次，护航时间 1 105 小时，护航里程 1 060.8 海里，检查船舶 123 艘次，开展联合执法 70 余次，发布航行安全信息 301 次，发放宣传单张 179 份。

2. 中山基地大型构件运输与吊装

港珠澳大桥主体工程桥梁工程 CB01、CB02、CB04、CB05 标大型构件预制和装场集中布置于中山横门岛火炬开发区横门东水道沿线，全程约 28 海里，历时约 5.5 小时。由于构件出运途经的横门东水道是通往中山港的主要航道，水深 3 至 7 米，航道最窄处仅有 80 米，日均船舶流量 500 余艘次，油船、液化气船、高速客船等重点管理船舶流量较大，通航环境较为复杂，而横门东水道不能满足 1000 吨级以上船舶双向通航的要求。据统计，中山基地预制构件从预制（拼装）场至桥位现场运输共计 599 航次。因此，构件运输需要海事部门来护航，而且护航工作难度较大。为了完成水上运输作业安全保障工作，有效地维护水域通航安全秩序，确保大桥建设工程的有序进行，海事局大桥办以高度的政治责任感和使命感，全面履行海事部门职责，开展大型构件的护航工作。

在构件运输的前期筹备阶段，为了协调处理构件运输相关问题，海事局大桥办建立了中山基地构件运输联席会议机制，每周召开联席会议，总结前期运输工作、编制本周运输计划、协调存在的问题。同时，根据每周会议讨论意见，编制中山基地构件运输周报，并将周报发送港珠澳大桥管理局，各监理、施工单位，海事局大桥办、中山海事局、珠海海事局、广州海事局。同时，按照施工保障流程，在中山基地构件总体运输作业前，运输单位委托有资质的单位编制了通航安全评估报告，并通过海事局大桥办组织评审。在通过的基础上，运输单位向海事局大桥办申请办理水上水下活动许可证和发布航行通告。与此同时，中山海事局与海事局大桥办、大桥管理局、施工单位协商，制定了《港珠澳大桥建设工程大型构件水上运输作业管理工作程序》和《港珠澳大桥建设工程中山基地大型构件运输清道护航工作岗位设置及职责》，明晰工作流程和岗位职责；编制了《护航工作指引》，强化护航人员培训。制定了单次运输作业前工作程序，指导每航次的运输作业前通航安全保障工作实施。

在构件的运输护航阶段，中山海事局指挥中心提前一小时与构件运输单位做好信息传递和沟通协调工作，并由指定的管理船艇巡查本次运输作业水域，提前与过往船舶协调避让，清理航行中遇到的碍航渔艇。在构件运输过程中，一旦发现碍航船艇，海事部门立即利用高音喇叭、VHF协调避让或劝告其停航等待。不听劝告时，予以拦截，并且在运输船后，防止船舶强行追越。同时，在运输船吊装作业及离泊期间，海事部门的管理船艇在上、下游水域实施现场水上交通安全监护。

据统计，仅2014年，中山基地实现了312航次大型构件水上安全运输，全年参与港珠澳大桥大型构件运输护航人员6240人次，累计护航2250小时，护航总里程9807海里，大型构件如期运至桥位施工现场。

（四）为沉管浮运与安装护航与警戒

为沉管浮运、安装提供护航与警戒工作是施工保障的一项重要工作，沉管管节的浮运对海上气象条件要求严格，水流速度要在0.6至1.3米/秒之间，风力要小于7级，能见度要超过1公里，通航安全保障工作十分艰巨。不仅如此，沉管管节体积大、重量大，浮运技术要求高、难度极高，极小偏差导致的搁浅或碰撞对沉管都是破坏性的，会造成上亿元损失，更会延误工期，对工程安全造成伤害。为了保障沉管浮运与安装安全，对浮运与安装开展护航警戒十分必要。为此，海事局大桥办主动为沉管浮运与安装提供护航与警戒服务，保障施工安全，编制《港珠澳大桥岛隧工程沉管浮运与安装水上交通安全工作手册》，周密部署指挥协调、施工组织、通航保障、应急管理等工作，明确各项施工工序、施工方案、水上交通组织与现场管控措施、应急保障措施等具体工作内容。

海事局大桥办根据浮运与安装的不同阶段，配置相应的护航警戒船艇，制订合理的护航与警戒方案。例如，在沉管浮运阶段，海事局大桥办设立核心警戒区和预警区。其中，在核心警戒区中，在浮运编队正前方布设指挥船1艘，东、南、西、北四侧海巡船各1艘，警戒船艇随浮运编队同步航行，主要负责浮运航线的封航和警戒；在预警区，安排海巡船艇3艘，如遇夜间浮运，需适当增派海事船艇参加警戒工作，主要负责提前防止无关船舶进入作业区。在护航与警戒方案指导下，各护航与警戒船艇在沉管浮运与安装过程中职责分明，保障任务明确，共同努力，切实保障了沉管浮运的施工安全。

据统计，截至2015年年底，已完成24节管节的浮运与安装。在沉管浮运安装作业期间，海事局大桥办共协调出动巡逻船293艘次，人员2990人次，巡航里程3432海里，确保了沉管浮运与安装施工作业和船舶通航安全，确保了大桥建设工程的有序进行。

第二部分　创新方法论

引子：破茧而出 打通海事监管服务"最后一公里"

面对港珠澳大桥建设这一超级工程，水上安全监管模式必须从顶层设计寻求突破。广东海事局敏锐意识到必须打通海事监管服务"最后一公里"。

立足于"有利于发挥海事监管资源综合效能、有利于施工现场监管的组织实施、有利于为施工单位提供便捷服务"的工作思路，港珠澳大桥水上安全监管模式以"一站式"监管服务为主要内容，以简化事权为核心步骤，完成了全新的顶层设计。

在这一顶层设计中，海事部门直接打破传统海事行政区划，将分散的港珠澳大桥建设所涉相关海事事权集中收回，经过优化、整合后，再授权广东海事局统一行使，从而建立起以大桥办为一个窗口的"统一对外""一站式"管理体系。

2008年，在交通运输部海事局的大力支持下，部海事局港珠澳大桥建设水上交通安全监管领导小组和广东海事局港珠澳大桥建设水上交通安全监管领导小组相继成立。两个领导小组办公室均设在广东海事局并合署办公，重新布局的顶层设计，让海事局大桥办这个"中枢"机构有了真正的用武之地。据海事局大桥办常务副主任梁德章介绍，一个机构对外、一个窗口办事、实行一套规则、执行一个指令，解决了业主、施工单位需要面对多个海事机构的最大顾虑，为大桥建设提供服务式的海事监管。

新机制的运行让办事人员如沐春风。按照传统，以前要不断前往深圳、广州、珠海、东莞、中山等地海事机构办理相关行政许可事项。创新之后，只需递交一份申请，粤港澳三地海事部门相关工作人员在施工单位家门口进行集中办公和联合会审，现场办理海事业务，实际上是把麻烦留给自己，把便利让给群众，实现了从"坐等"服务到"上门"服务的转变。9年来，广东海事人倾情担当，开展600多次"上门"服务。

　　在大桥建设水上安全保障的道路上，广东海事追求卓越、创新监管服务的脚步从未停息。港珠澳大桥建设与管理方，对海事部门敢于突破体制机制障碍、善于创新服务监管手段给予了高度评价："在国家重点工程建设的过程中，海事部门是监管者，也是服务者，更是建设者。"自此，一场从"监管"到"服务"的自我变革破茧而出。

第四章 五大经验谈

第一节 科学探索：以科学手段解决复杂问题

在提供大桥建设水上安全管理与保障实践中，海事局大桥办选择以科学解决复杂问题，在探索中分享新经验，将传统认知与教科书式理论"现代化""科学化"，将具体实践经验"一般化""理论化"。

那么，海事局大桥办如何实现传统经验"现代化"，解决现实困境？如何将一般经验"本土化"，解决项目问题？如何将实践经验"通用化"，成为通用机制？以下以《桥隧工程水上交通安全保障费用标准专题研究报告》的研究过程为例，进行系统分析，回答以上问题。

一、研究背景：百年工程的历史机遇

从研究背景来看，2009 年年底，港珠澳大桥工程顺利开工，2011 年，为了总结港珠澳大桥建设通航安全保障工作经验，供国内其他涉水项目建设期通航安全保障工作借鉴和参考，广东海事局和港珠澳大桥管理局开展"桥隧工程水上交通安全保障费用标准专题研究"，旨在通过研究，形成规范、统一的费用计算方法和管理规范，便于在开展通航安全保障工作时，确定工作内容和计算保障费用，更好地促进涉水项目建设通航安全保障工

作。海事局大桥办根据施工期通航安全保障工作特点，结合港珠澳大桥建设水上交通安全保障的实际，同时参考我国交通行业定额计价的相关标准，构建通航安全风险分析模型，提出费用计算办法和管理方案。

二、研究主体：海事部门联手研究机构

从研究主体来看，为保障研究的专业性与科学性，广东海事局与港珠澳大桥管理局按照程序，通过严格比选，评出由上海船舶运输科学研究所进行专题研究。《桥隧工程水上交通安全保障费用标准专题研究报告》中的相关研究成果，成功解决了港珠澳大桥建设施工期水上安全工作的相关问题，这一资金科学管理举措也得到了交通运输部相关领导和港珠澳大桥技术专家组的高度肯定。

三、研究过程：科学手段解决现实困境

从研究过程来看，上海船舶运输科学研究所开展的研究，遵循"经验总结系统化——普世经验本土化——传统经验现代化——实践经验机制化"的发展过程。

首先，"经验总结系统化"阶段，海事局大桥办与上海船舶运输科学研究所以《中华人民共和国安全生产法》《中华人民共和国水上水下活动通航安全管理办法》《中华人民共和国内河交通安全管理条例》《中华人民共和国航道管理条例》等法律法规为依据，以《内河通航标准》（GB 50139-2004）、《通航海轮桥梁通航标准》（JTJ 311-97）、《内河航道维护技术规范》（JTJ 287-2005）等技术标准或规范为指导。同时，参照国内武汉长江大桥、苏通长江大桥、东海大桥、青岛海湾大桥等典型大桥水上安全情况调研资料、交通支持系统船舶基础资料（2010年）、港珠澳大桥主体

工程初步设计文件、通航安全评估报告、施工期及营运期船舶交通管理系统专题研究报告、桥区助航设施及安全管理设施专题研究报告等。

其次，"普世经验本土化"阶段，海事局大桥办与上海船舶运输科学研究所根据国家相关法律法规要求，结合建设项目水上交通安全管理特点和通航安全保障需求，厘清了建设单位、施工单位、业主单位或经营管理单位及海事部门在桥隧工程不同阶段的通航安全保障工作内容和职责。同时，利用风险评价和风险决策理论提出了桥隧工程营运期水上交通安全保障配套设施设备的配置内容及数量计算方法；提出了桥隧工程施工期海事管理与施工现场维护的工作内容、水上交通安全保障设施设备需求；通过建立桥隧工程样本，给出了桥隧工程营运期配套设施配置及建设期海事管理和施工现场维护工作量及费用计算方法，并对通航保障工作涉及的相关费用来源提出了具体的建议。

再次，"传统经验现代化"阶段，依据以往经验，海事行政管理并不涵盖施工项目水上安全保障内容，即使单个项目有现实需要，也是由海事部门与其他参建单位一一协商，具体问题具体分析，并没有形成统一的定价标准、内容范围。显然，该项经验的缺失在一定程度上阻碍了港珠澳大桥施工与通航水上安全保障工作的顺利开展。海事局大桥办与上海船舶运输科学研究所根据通航安全保障工作内容，结合费用管理实践经验与国家相关管理制度和规定，针对通航安全保障费用使用与管理方案进行了研究分析，明确在大桥施工建设阶段的水上安全工作内容、费用计算方法、管理模式等。

例如，在现场管理和巡航方面，海事局大桥办在借鉴以往经验的基础上，提供最优质、高效的海事服务。但是，由于现场管理投入与工程规模、施工工艺、通航环境等因素密切相关，不同的工程项目需投入的管理力量差别较大，施工期间的风险因子很难确定和量化，风险评价模型也很难建立，传统经验并不适用于现实需求。为了给桥隧工程施工期间海巡船艇投入数量的确定提供参考，海事局大桥办与上海船舶运输科学研究所通过对国内武汉长江大桥、杭州湾大桥、东海大桥等典型桥隧施工期海巡船艇投入数量调研，并结合营运期海巡船艇配置数量数学模型研究结果，统筹考虑各工程施工期管理实际情况。经过比较分析，提出管理船艇数量确定的计算方式。尤其是在人员配置方面，精简的队伍设置需要科学的谋划方案作为依据，海事局大桥办根据施工期间海事管理船艇配备数量，考虑到桥隧工程24小时连续施工作业需要海事部门提供24小时全方位安全保护。经计算，每艘海巡船艇海事执法人员按5班3运转配备，其中每班配备现场巡航执法人员和船舶安全检查执法人员各2名；每艘海事管理船艇需配备海事执法人员共20名；每艘海巡船按2套船员进行配备。

最后，"实践经验机制化"阶段，海事局大桥办根据大桥建设期积攒下来的实践经验，拟定相关机制，形成研究成果，出台《涉水项目施工期通航安全保障费用计算方法》和《涉水工程建设施工期通航安全保障费用的计算与管理》等研究报告。同时将理论化、系统化机制推广到全国，指导其他水上工程项目。通过系统化研究成果，可以为涉水工程工可和初步设计阶段进行施工期通航安全保障工作内容评估、研究及费用的计算与管理提供指导和参考。

第二节　务实求证：提供现代化水上服务

港珠澳大桥建设水上安全管理与保障实践中，海事局大桥办转变服务理念，以"服务大桥和民生"为宗旨，以"提供最优质、最高效海事服务"为核心，发扬"奉献和敬业"精神，贯彻"务实求证"理念。在转变意识的基础上，海事局大桥办不断提升服务效率与质量，努力提供现代化、国际化、标准化水上安全服务。在实践工作中，使用最先进的技术，采用最科学的管理模式，学习和引入国际化、标准化的服务机制，并将最先进的管理方式与大桥建设实际保障工作结合，将理论与实践相结合。

"服务模式现代化，国际经验本土化"是大桥水上安全工作对海事局大桥办提出的要求；"实践经验标准化，中国模式国际化"是政府治理现代化与中国特色社会主义为海事局大桥办构建的蓝图。为此，海事局大桥办践行卓越服务新理念，主动提供现代化服务；构建水上安全服务的"中国模式"，拓展工作范围，最大限度地方便建设单位和施工单位，确保大桥建设每一个重点、节点工程圆满完成。

一、践行卓越服务新理念，主动提供现代化服务

"安全管理专职化"新理念要求海事局大桥办以最专业的态度和技术，提供最基本的行政管理服务；"安全保障项目化"新路径要求其实现从"管理"到"服务"的职能转变。海事局大桥办践行卓越服务的新理念，营造良好的水上交通安全保障工作氛围。实践中，海事局大桥办所有参与大桥建设水上安全保障工作的人员，以勇于担当的精神，主动提供服务，前瞻

性地开展水上安全服务工作：以专业之学，破解一系列海事法律和技术疑难问题，为施工单位解决了现实困境；以参与者身份，为建设单位比选方案，提出通航安全方面的专业意见，及早制定海事管理服务工作方案和施工安全维护方案，全面预判水上安全服务工作内容。

首先，现代化服务讲究主动作为。截至目前，在港珠澳大桥建设开展的 32 个专题研究中，以海事局大桥办为代表的海事部门参与了大桥项目的海洋环境影响、水利行洪影响、项目工可报告等专题审查会议，并提出了海事专业意见，积极推动工程建设相关工作的开展。海事局大桥办全面参与大桥建设的每个阶段，主动参与施工作业的每个节点工作，不断提供贴身服务、无缝服务、精准服务，完成了"提供最满意海事服务"。

其次，现代化服务追求卓越效果。"卓越服务"并不等于一张漂亮的成绩单，还包括服务态度与方式。海事局大桥办以"守护者"的角色，以"润物细无声"的方式，参与到工程建设的每一个子项目中，成为建设过程中不可缺少的一员。实践中，海事局大桥办通过主动加入中交岛隧联合体工会组织，开展和中交集团各部门的党支部共建活动，创建交流平台，加强工作沟通，并结合开展培训、讲座、座谈等多种方式有益互动，携手共进，实现思想观念、安全知识和技能上的共同进步，解决安全生产和安全管理难题，使海事服务融入施工规划、施工方案的制订之中。

最后，现代化服务追求高效便捷。护航港珠澳大桥的海事局大桥办工作人员积极创新，在提供安全保障服务中，保持理性的逻辑思维，对于各项安全保障措施都反复分析、研讨，然后缜密实施，完善"安全保障项目化"管理方法。同时，他们任劳任怨，默默无闻地为港珠澳大桥这项伟大的工程贡献自己的一份力量。例如，在珠海市唐家总营地，海事局大桥办 10 余名工作人员都是施工建设团队眼中的"效率达人"。在海事局大桥办这个"指挥中心"里面，他们必须具备快速的反应力、高效的执行力和良好的协调力，每天都忙于大桥水上安全保障的规划、许可、统筹、协调等工作。而且，在特殊的工作范围和压力下，每一个参与大桥建设的海事人都练就了"一专多能"的本领，锻炼出随时随地解决问题的能力。这些提供高效便捷现代化服务的工作人员，赢得了港珠澳大桥管理局局长朱永灵的赞扬："大桥办的海事人把大桥建设当作自己的事。我们就像一家人那样，共同面对和解决重重困难，共同铸造着'一桥如虹，飞贯伶仃'的梦想。"

海事局大桥办每位工作人员"勇于担当、甘于奉献、热情服务"的精神与"为大桥建设提供最优质、最高效海事服务"的追求一脉相承，成为为大桥建设提供海事"心"服务的动力源泉。

二、构建中国特色安全服务模式，拓展服务工作范围

在港珠澳大桥的建设中，水上安全服务工作不断出现新问题、新矛盾，施工建设团队不断提出新的要求。

实践中，海事局大桥办以施工作业和公共通航安全为出发点和落脚点，借鉴国际海事安全服务经验，因地制宜，科学指导实践活动。例如，在大桥施工建设过程中，受制度规定、环境位置等因素限制，正常施工船舶无法在浅水区航行，而且海区航行的砂石皮带船严重缺乏。如何赶上原定施工进度，成为诸多参建主体的头号难题。海事局大桥办借鉴其他类似工程经验，结合实际困境，组织专家对"内河船参与大桥施工"进行评审评估，按照专家意见中提出的"五定一归口①限制条件"，在安全可控前提下，谨慎允许少部分内河船舶参与大桥建设施工。对此，港珠澳大桥管理

---

① 五定一归口：定航线、定船舶、定船员、定白天航行作业、定六级风以下航行作业和船舶管理公司归口管理。

局安全环保部部长段国钦对海事局大桥办的做法给予了肯定："当年 3 个人工岛的建设需要大量砂石，必须由大量的内河船舶来运载，而能够进入海区直接作业的船舶数量无几，根本无法按期完成填岛任务。海事局大桥办结合珠江口和内河船舶的特点进行研究，制订出在指定航段、时间施工的方案。"

第三节　厘定责任：构筑水上安全责任链

为了保障水上施工和通航安全，依据以往项目经验，海事局大桥办需要筑牢安全生产责任链，确保安全责任有效落实。具体实践中，海事局大桥办通过建立层级安全生产责任链、实施水上交通安全集中督查、开展平安交通活动、不定期评估总结责任链、组织签订平安水域备忘录和责任书等工作，筑牢大桥建设安全生产责任链。

自 2011 年 7 月，《共建港珠澳大桥建设平安水域备忘录》和《共建港珠澳大桥建设平安水域责任书》签署发布后，海事局大桥办按照"中国海事为港珠澳大桥提供优质安全服务"的总体要求，创新管理服务手段，构建层层负责、环环相扣的安全生产责任链，全力保障大桥建设安全。事实上，海事局大桥办厘定责任的过程，也是贯彻落实《责任书》七项要求的过程。

其一，在"强化安全管理，督促落实主体责任"方面，港珠澳大桥建设水上交通安全管理工作从项目立项阶段就已启动。海事局大桥办提前介入，积极参与工程建设方案研究，跟踪建设进度，科学编制《总预案》《总体规划方案》等海事管理服务工作方案，对"尤为特殊且艰巨"的港珠澳大桥建设水上交通安全管理系统工程涉及的各项工作进行整体部署、顶层设计和分类指导。通过组织签署《港珠澳大桥主体工程建设通航安全保障合作框架协议》《实施协议》（工程类、海事管理设施类和管理协调类等）等条款，将建设单位、施工单位、承包单位、管理公司、船舶所有人或经营人及运行船舶等全部纳入大桥建设安全生产责任链，并从"责任、沟通、合作、宣传"等方面全面构建大桥建设安全生产责任链防控体系，有力地保障了水上交通安全管理工作的针对性和有效性。

其二，在"与时俱进、专业高效地开展组织协调工作"方面，海事局大桥办成立了以单位一把手为组长的三级领导小组管理架构，成立了专门的海事管理组织，建立了粤港澳三地海事联络协调机制，加强了沟通协调和信息交流。

其三，在"结合实际，全面加强施工期现场安全管理"方面，海事局大桥办的成立本身就是加强现场安全管理的佐证，在管理趸船上设置了现场办公点，以实际行动落实"有利于为施工单位提供便捷服务"的要求。

其四，在"未雨绸缪，全面强化沉管浮运安装通航安全保障工作"方面，海事局大桥办提前谋划，一方面，全面强化沉管浮运安装通航安全保障工作，主要通过组织开展沉管浮运演练，确保实际作业过程的万无一失。另一方面，不断细化大型构件运输作业安全保障工作，从定制方案、细化手册和协调加强现场管理等方面，确保基地分散、高频次、远航程和跨水域的大型构件运输的顺利推进。

其五，在"加强安全工作指导，推动安全生产责任落实到位"方面，海事局大桥办督促引导参建单位落实安全生产主体责任，组织开展相关安全培训，完善安全隐患排查综合治理体系，积极引导施工船舶安全管理机制建立，组织开展施工水域联合安全大检查。

其六，在"公布诚信管理制度，加强安全诚信管理"方面，海事局大桥办严格按照交通运输部海事局公布的诚信管理制度执行。大桥开工建设至今，未发现因存在重大安全隐患要吊销施工单位"水上水下活动许可证"，也没有发现不服从管理以及发生安全事故需要严肃处理的施工单位。

其七，在"建立检查制度，加强专项监督"方面，海事局大桥办制订了《港珠澳大桥建设水上交通安全保障现场督察方案》，成立检查组适时开展现场督察工作，依法对相关单位落实水上交通安全责任情况实施监督管理。

一、明确安全责任主体

水上安全管理与保障是系统工程，不是一个部门、一个单位可以独立完成的，每个人都有责任。"谁工作，谁负责"是每一个责任主体的态度，施工单位有安全生产的主体责任，建设单位有安全生产的管理责任，执法部门有安全生产的管理责任，各方面的责任都要落实。"责任承包制"是对每一个参建主体的要求，海事局大桥办通过评估，找出安全管理责任链中存在的问题，找出风险点、风险源，以问题为导向，细化分表，提出具体的措施、完成时间、落实措施，并将其落实到每一个部门、每一个岗位。同时，深化检查督察，及时通报，落实奖罚措施，使安全生产责任链扣得更紧，效果更好。

二、构建责任主体联络机制

为加强责任主体之间的沟通，防止责任范围重叠或留有空白区域，海事局大桥办构建了责任主体联络机制。在具体的实践过程中，海事局大桥办构建全方位联络渠道：在海事机构之间，形成了从部海事局到广东海事机构再到现场管理机构的纵向联络协调渠道，建立了以海事局大桥办为协调中心的现场管理服务工作横向协调机制；在内地海事机构与港澳海事机构之间，建立了由海事局大桥办牵头的粤港澳三地四方海事机构港珠澳大桥建设季度联络协调机制；在海事部门与建设、施工单位之间，建立了双周例会制度和季度安全总结会议制度。

　　海事局大桥办不仅构建统筹全局的"立体化"沟通新机制，还精细设计具体工作制度。为了充分发挥大桥建设施工安全联络员的作用，积极推进安全管理工作，保障大桥建设施工和航行安全，海事局大桥办制定了《港珠澳大桥建设施工水上交通安全联络员工作制度》。一方面，海事局大桥办规定每位安全联络员均为"安全联络办"成员，要求他们遵守安全联络办各项制度，积极完成职责。另一方面，海事局大桥办设立"安全联络办"，规定每月第一个星期二上午为安全联络员集中办公时间，并设立集中办公的工作原则，即不准请假、不准代替参加。同时，海事局大桥办要求安全总监隔月参加集中办公会议，遇到重要问题讨论或决策时，接受临时通知的总监也需要参加办公会议。

第四节　转变角色：从"管理者"到"参与者"

　　全国政务改革的要求，港珠澳大桥建设的需要，推动海事局大桥办依据其他涉水工程管理经验，结合大桥建设实践，积极转变角色，从"管理者"到"参与者"。转变角色意味着海事局大桥办被赋予多重身份，既是管理部门，也是服务部门，同时还是咨询部门；意味着曾经仅属于施工单位责任范围的安全保障责任也落到海事部门，海事局大桥办为此构建"三位一体"的全新工作机制，探索出一条全新的发展道路；意味着海事局大桥办的工作定位和海事职责的转变，不仅是旁观者，而是大桥建设的直接参与者与合作者；意味着海事局大桥办不仅需要更为紧密地和施工单位融为一体，甚至从某种程度上变成了施工单位的监督对象。海事局大桥办"转变角色"的行为，是执政为民的具体体现，从"要我管理"变成"我要管理"。

一、提前介入，提供海事专业意见

为了做好水上安全工作，海事局大桥办提前介入大桥施工建设工作，总结提炼海事管理经验，利用先进科技成果，策划诸多管理和保障方案。例如，针对港珠澳大桥建设水上交通安全保障工作任务重、风险大的问题，海事局大桥办事先对交通安全保障进行了科学规划，合理布置管理资源，及早规划航海保障系统、交通管理系统，制订桥区水域安全监督管理规定等一系列预案。同时，海事局大桥办优化施工方案，根据大桥设计、施工方案和建设进展情况，建立相关管理区域、时段的水上交通安全监督管理保障实施方案。

在大桥施工建设期间，海事局大桥办提前介入的行为发挥了更大效用。例如，如何在保证大桥施工进度的情况下确保施工安全？如何为施工船舶创造良好的水上施工环境？如何确保施工不影响广州港的生产需求？海事局大桥办依据传统管理经验和潜在的隐患，提出"零距离管理，零距离服务，零距离应急"的解决方案。

除此之外，海事局大桥办提前介入施工方案的制订工作，指导相关海事部门，统筹现代化科技手段，并将其运用到水上安全工作中，对进场施工的船舶实施一船一档的精细化管理。海事局大桥办充分发挥"海巡1550"船上 VTS、AIS、VHF、CCTV 及电子海图等多套信息系统的作用，通过制定工作手册、值班制度及违章船舶通报协查制度等手段，充分发挥信息化手段在海事安全管理的作用，推动了管理手段、管理理念的创新，为保障港珠澳大桥的安全顺利施工提供了有力的保障。

具体实践中，海事局大桥办利用现有的海事管理技术，统筹组织和协调各个海事局的专业人员，集中调配优质海事资源，举广东海事局全局之力，构建全面、立体、智能、系统的安全保障格局，强化对施工水域的动态管理和保障，确保巡航不留死角。在海上安全保障方面，海事局大桥办组织各级海事部门安排现场监管专船对施工水域进行重点巡航，提供安全保障服务。同时，海事大桥办调整船舶部署，合理配布大、中、小型水上管理船舶，使船舶配布能够适应不同水域、不同条件下的水上管理和应急反应要求，提高水上管理和应急反应能力。在智能保障方面，广州交管中心专门设置远程监控专台，依托交通中心的雷达系统等设施手段，对桥区水域船舶航行进行交通组织，提供航行安全信息服务；在现场监管分区水域，各专职队伍设置近程监管专室，各个岗位的责任落实安排专人负责，通过 AIS、VHF 和 CCTV 等，做好施工水域保障指挥，提供更加便捷的助航服务。在陆上安全保障方面，根据水上安全保障和施工建设团队的需要，海事局大桥办合理利用海事管理车辆，在施工桥段及珠江口水域，为水上安全保障和应急反应提供陆上交通支持与保障，增强应急反应能力。

二、"贴身服务"，保障重点工程水域安全

为了配合重点工程的施工进度，海事局大桥办提供"贴身服务"，全力保障重点工程的施工安全。通过"一个工程、两套方案"[①] 为大桥建设的每一项重点分项工程制订专门的现场保障方案和交通组织方案，开辟了"两岸基两趸船"[②] 的现场管理、应急反应和受理服务网点，确保重点工程

---

① 一个工程两套方案：为大桥建设的每一项重点分项工程制订专门的现场保障方案和交通组织方案。
② 两岸基两趸船：广州和珠海两个基地，海趸 1 550 和海趸 1 536 两艘趸船。

保障圆满完成。

　　一方面，海事局大桥办的"贴身服务"体现在统筹组织、协调各方主体单位上。例如，为了有效地解决重点工程水域的突发事件，海事局大桥办统一协调各级政府部门海上应急反应机构，有效发挥各地现有海上应急反应力量效能，还成立了港珠澳大桥建设海上应急反应指挥体系。港珠澳大桥建设现场管理分区是大桥建设水上应急的主要力量，组长由现场主要负责人担任，根据大桥建设的需求，设定第一、第二、第三管理分区，配备相应的救助设施和应急反应力量。

　　另一方面，海事局大桥办的"贴身服务"体现在全方面、多方位的安全服务上。在制度层面，海事局大桥办一直在思考制度是否科学、措施是否管用等问题，为此，根据护航对象的需要，"量身定制"了《港珠澳大桥建设工程大型构件水上运输作业安全保障工作制度》，坚持"以人为本"，体现了"沟通、联系、协调、理解、支持、合作、责任、安全"的护航方针。同时，为了确保护航制度的适用性，海事局大桥办对船舶航行规律、航道、水深、天气等通航安全要素进行了全面的梳理、分析与研究，并以研究成果作为制定护航制度的理论基础。在保障层面，海事局大桥办加强与海洋渔政部门的联动合作，一旦发现有碍航的渔网、鱼栅、渔船，及时进行清理。在保障方法层面，海事局大桥办创新"智能交通"保障模式，对重点施工水域开展海陆空"三位一体"的动态巡航，全面掌控施工水域的安全状况，将现场实时视频传回海事局大桥办，实现全天候、全方位、全过程实时监控，形成"传统与现代相结合、主动与互动相结合、管理与服务相结合"的智能保障模式。

第五节　走向善政：政府治理现代化的海事样本

党的十八届三中全会提出："全面深化改革的总目标是完善和发展中国特色社会主义制度，推进国家治理体系和治理能力现代化。"这是党在文件中首次正式提出政府治理现代化的要求和指示。党的十九大指出："新时代中国特色社会主义思想，明确坚持和发展中国特色社会主义，总任务是实现社会主义现代化和中华民族伟大复兴。"

党中央的要求、上级行政部门的指示，都推动着海事局大桥办紧密跟随国家政务改革发展方向，构建现代化海事治理观。首先，海事局大桥办在行政执法过程中区分"统治"与"治理"；其次，海事局大桥办制定出新海事观的具体内容，指导实践活动；最后，海事局大桥办将"党的领导""以人为本""依法行政"三大机制有机结合，构成了海事行政体制改革和治理现代化的"三位一体"的复合体系。

一、善政：从"统治"到"治理"

在中国共产党"治国理政"思想的指示下，海事局大桥办努力完成新时期新形势下的政府治理现代化改革，推动广东海事部门走向善政。在展开水上安全管理和保障服务实践活动时，首先，海事局大桥办树立安全新理念，在理念上区分"统治"和"治理"。海事局大桥办树立"寓管理于服务之中，在管理中体现服务，在服务中实施管理"的安全治理理念，由粤港澳三地政府、水上交通安全公共机构（海事、海洋部门等）、社会力量（业主、施工单位、港航部门等）和社会公众等共同形成大桥建设水上安全命运共同体，组建港珠澳大桥"平安水域"志愿救助队伍，实现联防联治、合作共赢局面。

其次，海事局大桥办在具体的实践工作中切实区分"治理"和"统治"的区别，在行政执法行为中提倡"治理"行为，推动海事公共治理转型成功完成。

另一方面，海事局大桥办清醒地认识到两者的差异大于共性：在权威主体方面，统治的权威主体过于单一，治理的主体更加多元，在维持水上安全秩序的实践中，主体并不是只有海事局大桥办，还包括港航企业、施工建设单位、珠三角地区的基层社区组织和公民；在权威性质方面，统治行为带有强制性，治理行为可以是强制的，作为国家机构的海事局大桥办具有合法垄断的能力，但是自愿性的治理行为更加符合大桥建设的要求，因为统治和行政命令将会削弱其他参与主体的积极性和自主性；在权威来源方面，统治的权威来源是法律法规，治理行为的来源可以是法律，但大量是社会契约，海事局大桥办的权力可以来源于法律法规，例如《中华人民共和国安全生产法》《中华人民共和国海上交通安全法》等，但却不局限于法律，大量社会契约也赋予其权力，包括与施工团队和管理局签署的"合作框架协议""实施协议及补充协议"等契约文件；在权力运行的向度方面，统治的权力是自上而下的，治理的过程是一个上下互动的管理过程，海事局大桥办在提供安全管理服务的时候，大多数都是听取人民群众和相关企业的意见，共同制订工作方案和计划；在权力运行的目的方面，为了人民群众的根本利益和要求，为了行政执法行为更加科学化和制度化，为了调动其他参与主体的积极性和自主性，海事局大桥办选择采用治理行为来维持安全秩序和行政秩序。

最后，海事局大桥办围绕珠三角航运大安全和粤港澳经济社会长远发展，统筹考虑施工安全和民生保障，采取多种有效的安全治理方式，高效协调和妥善解决施工作业与水上公共安全相冲突的难题，实现了"两保障、两促进"①目标。已经为海事行业提供政府治理现代化的样本的海事局大桥办，应该继续朝着"善政""善治"的方向发展，引领海事部门在大桥营运期提供更加现代化、规范化的海事安全管理服务。

二、理政：新型海事观

在学习党的十八大精神后，在上级部门构建新型治理观的指示下，海事局大桥办创造性地将"理政"的观念融入水上安全管理和保障服务的实践活动中，树立包括"新治理观、新职能观、新角色观、新政绩观、新政社观、新管理观"在内的新海事观。

（一）新治理观

海事局大桥办的工作核心是调动一切积极力量参与大桥建设、协调多元参与主体在工作中保持一致性。行政执法行为应该具有开放性和包容性，海事局大桥办、施工建设单位、相关企业与公民对大桥建设的水上安全秩序共同合作管理，从而使大桥的施工建设着眼于维护广大人民的根本利益。

（二）新职能观

2014 年，党的十八届四中全会创新性地区分了"职能"和"职责"的差别，区分了中央和地方政府机关的不同职责，将"公共服务"排到了地方政府职责的首位。在国家政府职能改革的大背景下，海事局大桥办在实践中完成地方政府的职责，发挥自主性，构建以"公共服务"为核心的新职能观。

① 两保障、两促进：保障施工作业安全和社会船舶公共航行安全，促进工程建设和航运发展。

（三）新角色观

海事局大桥办在提供海事监管服务的时候，发挥市场机制的作用，让相关业主企业和港航企业参加到大桥建设中。但是，这也并不代表市场会取代政府，有效市场规律发挥作用的同时，海事局大桥办也要负责各个权力主体，弥补政府越位、空位和错位的问题，从"管理者"转变为"合作者""服务者"的角色转变，责任更加重大。

（四）新政绩观

海事局大桥办在提供服务的过程中，首要任务就是处理大桥建设与公共服务的关系。首先，海事局大桥办促使建设大桥与提升公共服务并驱发展；其次，努力建设"服务型"政府，为海事部门提供政府职能转变模板；最后，构建公共服务体系，将许可证服务、航行安全管理、航道航标测量、施工安全管理、现场巡逻和值班管理等服务纳入服务体系中，并将其作为新型政府建设的核心内容。

（五）新政社观

海事局大桥办在协助大桥建设的过程中，积极鼓励港珠澳城市圈的基层公民自治组织和居民参与，发挥他们在治理和服务中的积极作用。第一，海事局大桥办是沟通人民群众和政府之间的桥梁和纽带。第二，将激发社会活力作为重要目标，在建设中集中体现和发挥广大人民群众的自主性和创造性。第三，凸显人民群众在预防与化解社会矛盾中的价值，突出他们的引领和示范作用，调动各方力量推动大桥安全建设和运营。

（六）新管理观

作为政府部门的海事局大桥办，在日常的行政执法工作外，也充当了管理者的角色，深入推进依法行政的建设，明确划分大桥建设期各个行为主体的权责范围。海事局大桥办依据部海事局党组制定的《海事行政执法廉政风险防控工作指引》，结合实际工作情况，制定出《大桥办廉政风险防控工作手册及内部管理制度》，构建建设期各个行为主体的职责体系，将权力关进法律的笼子里面。同时，海事局大桥办还建立行政审批事项清单、责任清单；创新管理方式，纠正政府不作为的行为。

由此可知，海事局大桥办创造性地将"理政"的观念融入具体实践中，推行安全管理专职化，构筑安全生产责任链，建立一体化协作机制，实现管理手段信息化，打造以"扎根大海，服务大桥"为理念的文化精品工程——"桥堡文化"。

"党的领导""人民当家做主""依法治国"三者有机统一，构成政府公共治理改革的复合体系。

海事局大桥办在认真学习国家治理的"三者统一"和"四个全面"的复合体系的基础上，提出在协助大桥建设、提供海事管理服务时，应该依法行政、实施法政，发挥海事部门现代化治理的效应，构建制度化、民主化、法制化的海事部门治理体系，提升治理现代化效率和协调能力。一方面，海事局大桥办在实施法政和发挥合力效应的过程中起到领导核心作用；另一方面，海事局大桥办在实践过程中，号召和鼓舞人民群众、基层居民自治组织、相关企事业单位、其他国家政府机关为大桥建设出谋划策，构成治理的复合结构，形成民主、法治、参与、协商、评估等复合的协调机制。

在海事局大桥办构建的海事治理复合体系中，治理评价体系具有创造性、实践性，更加体现依法行政和实施法政的理念。海事局大桥办实施的海事治理评价体系是以客观认识水上安全管理行政组织结构、水上航行保障工作、水上施工保障工作的治理现状为前提，借鉴国外政府机关和国际组织治理评估的经验，围绕着党和国家治理的大政方针，用来引导海事治理现代化的改革方向、明确改革的路径和机制、掌握治理工作评价的主动权、提升大桥办作为公共服务者的形象。海事局大桥办的治理评价机制是主客观评估相结合的机制，主要是用来评价海事局大桥办提供水上安全管理和保障服务实践活动的有效性，以行政执法过程中，法律是否得到尊重、司法是否独立、行政管理是否有效果、负责人和参与主体的权责范围是否分清、提供政务服务活动是否具有透明性几方面为评价标准。具体指标框架包括海事局大桥办内部管理的民主程度、外部治理的合法性、依法行政的完成度、政务透明程度、行政效率、行政人员的廉洁度、大桥建设的公民和企业的参与度几方面。

　　由此可知，在符合评价标准的基础上，海事局大桥办贯彻落实"法政"的理念，将"党的领导""以人为本""依法行政"三大机制有机结合，落实海事管理责任，优化安全保障资源，实现了管理和保障服务"双前移"，建构海事行政体制改革和治理现代化的"三位一体"的复合体系。

第五章　三大创新点

第一节　体系化：问题导向谋划安全管理

2014 年 11 月 13 日，港珠澳大桥沉管浮运与安装水上交通安全总指挥部在珠海组织召开港珠澳大桥岛隧工程 E15 管节浮运与安装水上交通安全保障工作汇报总决策会，原广东海事局局长、总指挥梁建伟在会上提出三点要求：一是要用共同的理想凝聚现场工作的力量。港珠澳大桥建设是中国建桥史上的超级工程，能参与港珠澳大桥的建设是一种福气，是一种人生价值的体现，更是习近平总书记提出的"爱国、敬业、诚信、友善"的价值观的体现。二是要以安全的目标，提高政治敏锐性，为港珠澳大桥建设创造一个安全有序的环境。三是克服麻痹思想，现场管理真正做到"严、细、精"。

历时九年，波折不断。是什么推动海事局大桥办继续走下去？是什么让他们没有偏离初始目标？

海事局大桥办将指导原则由被动的"需求导向"转换为主动的"问题导向"，使工作人员以"问题导向谋划整体工作"为工作理念，以"安全管理务必从严，落实现场工作要细"为工作目标，不断增强"进取意识、机遇意识、责任意识"，努力培养"大局意识、执行意识"，以先进的服务理念和扎实的工作态度切实完成每一项任务，科学论证、深入分析、突破障碍、准确把握，在切实保障施工作业水上交通安全的基础上，破解了一系列海事法律和技术疑难问题，为施工单位解决了实际问题。

"问题导向"主要指海事局大桥办始终围绕着"如何保障建设施工安全和维系水上通航安全"的问题谋划整体工作，始终保持问题意识，一直都在思考如何才能有效解决水上交通安全问题，如何提供优质的航行安全和施工安全保障服务，如何才能做好安全行政管理。

海事局大桥办如何在具体工作中将"问题导向谋划整体工作"的理念付诸实践？首先，海事局大桥办具有强烈的主观能动性，相比于被动解决已有的问题，他们主动预测可能出现问题的环节，建立避免和预防问题的产生、研讨已有问题的解决方案，摸索出施工船舶防台指引、砂石船运输安全管理、桥区水域航路调整等系列难点问题解决措施，解决实际问题。其次，海事局大桥办因时因地制宜，将"如何保障建设施工安全和维系水上通航安全"的问题意识贯穿于大桥建设的全程工作中，在不同施工建设期解决不同的难题。最后，海事局大桥办通过树立问题意识，明确界定安全管理和保障工作的具体内容，配合施工建设团队的工作，既涵盖一些琐碎和细致的日常工作，又包括各种突发状况的应急工作，在有限的时间、有限的人力的条件下提供最及时、最便捷的服务。

一、以"如何解决资源分散与资金不足"的问题为导向

在前期筹备阶段，海事局大桥办按照"建设人民满意的中国海事"的总体要求，考虑到相关单位在安全保障服务方面能力不够，在自身经验不足、行政执法体系面临改革的情况下，主动与大桥施工建设相关单位沟通，负责海上安全管理和保障的工作。但是，在实地调查后，海事局大桥办发

现要想全面做好大桥通航安全保障工作，必须要先解决"资源分散"与"资金不足"的问题。于是，他们以简化事权和服务人民为原则，探索出"四个一"海事管理模式，首创"海事部门为涉水项目提供安全保障项目化工作"的新路径、新机制，建立通航安全保障费用计算方法，形成一套计算、管理和使用的新做法。

另一方面，海事局大桥办也意识到通航安全保障工作是安全工程的重要组成部分，亟须工作依据和统一做法。海事局大桥办和港珠澳大桥管理局边研究边实践，着力保障资源、保障资金和计算方法，探索出了适合大桥建设实际的独具特色的通航安全保障工作方法。

1. 保障资源调配与管理

大桥办牵头制定保障力量调配原则、保障力量参与条件以及保障力量日常管理要求，即按最有利于保障工作开展的要求，由大桥办根据对保障工作内容和水域是否"熟悉、适合、专业、便利"的原则，统一调配保障船艇和工作人员；参与条件主要考察资质能力、执行和服从指令情况；日常管理仍由原所在单位负责，保障力量按规定做好工作记录，及时报送工作报表等。

2. 保障资金系统化管理

首先要由业主单位将通航安全保障资金纳入初步设计概算批复，确保通航安全保障资金来源。其次，业主单位和海事部门要共同编制完成总预案、合作框架协议、总体规划方案、实施协议、补充协议、实施细则等一系列涉及通航安全保障工作的资金制度，同时，按"合作协议化、计划类别化、管理项目化、实施程序化、评估绩效化"要求，制定层次合理、职责清晰，既符合行政单位财务管理要求，又满足通航安全保障工作实际需要的保障资金管理模式，以推进保障工作有序开展，规范保障资金使用。

再次，要合理规划、及时拨付、合规使用保障资金，遵循"依量取费、总额控制"的原则开展资金支付工作，并建立专项资金使用管理程序，使资金使用过程做到事前有计划、事中有监管、事后有审计，实施环节主要有预算、核算、结算和审计。

海事局大桥办保障大桥建设过程中，建立的"通航安全保障项目化"工作新机制，合理、科学，可操作、可复制，可供其他涉水项目建设通航安全保障工作借鉴、参考。

二、以"如何弥补传统管理模式弊端"的问题为导向

在施工建设阶段，面临涉水区域自然地理环境的限制，面对传统管理制度规定不适用于实践工作的难题，海事局大桥办具备问题意识，发现"传统管理模式缺乏适用性和匹配性"的问题。

一方面，传统海事经验在港珠澳大桥建设中碰到了新问题。一般而言，一个行政相对人，办理同一项行政审批业务，一个行政相对人只需要面对一个海事机构，但港珠澳大桥管理局作为一个行政相对单位，在办理同一项水上水下活动许可审批时，却需要分别面对深圳海事局、广州海事局、珠海海事局等多个管理单位，这完全有悖系统的、科学的、现代化的管理模式，如果全部按照经验行事，海事局大桥办将会面临施工船舶防台指引、砂石船运输安全管理、桥区水域航路调整等系列难点问题。于是，海事局大桥办工作人员开始探索施工安全评估管理、海事行政许可管理、施工船舶安全管理、现场巡航监督管理机制，构筑水上安全生产责任链，建设更具制度化的管理体系。例如，海事局大桥办建立内河船舶参与港珠澳大桥施工申报机制，拟定《安全主体责任确认书》《船舶安全管理协议》和《安全保障措施》等规定材料，使内河船舶破例参与施工的水上水下活动，既

保证了施工建设的进度，又落实了安全生产主体责任，方便安全管理工作。

另一方面，传统海事经验并未包含安全保障的相关工作内容，海事局大桥办的专业化、科学化的技术优势无法凸显出来。具有问题意识的海事局大桥办发现，需要构建属于海事部门的安全保障新路径。于是，海事局大桥办按照商业化项目成本机制，运作"取费、使用、结算、审计"流程。最终，在海事局大桥办的实践中，"项目化安全保障"成为"统筹全局、协调各方利益、整合责任主体意见、指导工程建设、优化保障资源配置"的工作思路，并总结出海事部门参与安全保障工作的系统经验。

三、以"如何填补海事机制空白"的问题为导向

现有海事体制在安全保障机制方面缺乏经验，尤其是保障资金取费机制。作为海事部门首次承担安全保障工作的试点机构的海事局大桥办，在寻求最高效、最有效利用资源的保障路径时，始终秉持着问题意识，以"如何保障建设施工安全和维系水上通航安全"的问题为标准，判断什么是与工作目标和主旨密切相关的主要工作，什么是次要工作，什么是必须完成的工作，什么是可以省略不做的工作。由此，海事局大桥办明确安全保障工作分为安全航行保障和施工安全保障两部分，并在实践中贯彻落实航行保障机制、施工保障机制以及资金取费机制。为便于推广，海事局大桥办联合港珠澳大桥管理局，将这些经受实践检验的成功经验和做法固化为标准的计算方法，再由广东海事局牵头编制、力推《涉水项目施工期通航安全保障费用计算方法》纳入新修订的《公路工程建设项目投资估算编制办法》（JTG 3820-2018）和《公路工程建设项目概算预算编制办法》（JTG 3830-2018），最终成为新的国家行业强制标准，这为其他涉水项目开展施工期通航安全保障工作提供了重要依据。

第二节　项目化：工程思维指导安全保障

2014 年 9 月 6 日，时任交通运输部副部长何建中一行考察港珠澳大桥建设现场时肯定了海事局大桥办创新管理方式方法的做法。何建中说，"项目化管理模式"值得总结和推广，可以上升、应用到将来的水工工程。将来在水工工程设计的时候，设计单位要考虑工程的水上交通安全保障费用。海事部门是履行国家职责，提供水上安全保障服务的，费用方面必须公开透明。因为国家财政预算中没有工程的水上交通安全保障费用，在工程建设费用提供基本的成本是必要的。这是一种管理方式的创新。除此之外，海事部门与业主单位、施工单位常态化的工作联系机制，粤港澳海事机构定期的协调机制等，这都是管理方式或机制的一些创新，也值得总结。

正如何建中所言，海事局大桥办首创的"安全保障项目化"管理模式在实践中取得了良好的成绩，被视为广东海事部门政务改革的"里程碑"之作。为了解决好"施工单位和社会力量无法承担大桥建设安全保障工作"的现实难题，化安全风险于无形，海事局大桥办深刻吸取国内其他跨海大桥系列安全问题的经验教训，主动承担责任，在长达九年的时间内配合大桥施工建设团队，突破习惯思维，颠覆"安全保障由施工单位负责落实"的业界惯例，开创性探索出"安全保障项目化"新路径。

一、借鉴项目管理，探索出"安全保障项目化"模式

港珠澳大桥建设的水上安全保障是一道难题，航行和施工安全保障工作是大桥建设安全工程的重要组成部分，只有完成港珠澳大桥建设期间的

航行和施工安全保障工作，大桥建设安全工作才能有保障。于是，海事局大桥办需要借鉴项目管理方式，对通航安全保障采用项目化管理，将保障费用纳入工程概算，并通过协议，以法定形式确定职责分工和费用内容。

在此模式下，海事局大桥办以"统筹全局、协调各方利益、整合责任主体意见、指导工程建设、优化保障资源配置"为目标，将安全保障工作视为一项"安全工程"进行科学组织和管理实施，将团队视为一个提供保障服务的项目组，将保障费用纳入工程概算，通过《港珠澳大桥主体工程建设通航安全保障合作框架协议》《通航安全保障费用实施协议》等系列协议，以法定形式明确责任主体和落实安全保障费用。

实践证明，"安全保障项目化"模式成功克服诸多难题。一方面，明确了安全责任主体，表明海事局大桥办既是管理部门，也是参与主体，主要承担为大桥建设提供水上安全保障服务和技术咨询的责任。另一方面，通过一系列法定协议，海事局大桥办进一步落实了保障费用的来源、使用和管理，明确了保障工作目标、内容，制订了工作计划、方案。

二、突破思维惯式，设计独特的"项目化管理"路径

"安全保障项目化"的创新效果显著，为了固化这一成功做法，广东海事局开展"桥隧工程建设水上交通安全保障费用标准研究"，以期填补国内水工项目安全工程取费研究的空白。可以预想到，这一基础性研究，必将为我国涉水工程海事安全配套工程建设标准化及海事安全取费科学化提供重要的参考依据。相比于其他工程项目管理手段，"项目化管理"新路径具有以下独特性：

在工作范围方面，"安全保障项目化"路径具有整体性特征。在实践运行中，为了达到"统筹全局、协调各方利益、整合责任主体意见、指导

工程建设、优化保障资源配置"的目的，为了实现"零事故、零污染、零伤害"的管理总目标，海事局大桥办将安全保障工作作为一个整体项目，统一组织所有相关主体，将他们视为统一的项目组的成员，宣扬团队精神。而其他工程项目的管理模式都体现局部性，为了提高工作效率，他们大多将一个团队划分为不同项目组，根据各个项目组的专业性，科学划分工作任务，保持项目组之间的独立性，而且各个项目小组之间联系较少，合作机会也较少。

在工作目标方面，"安全保障项目化"路径具有全局性特征。海事局大桥办提供保障服务的工作目标非常明确，即统筹全局，协调各方利益，整合各方责任主体的工作目标，配合施工建设团队，保障大桥建设过程中的航行和施工安全。为了实现这个目标，除了海事局大桥办，所有其他相关主体都参与到项目实施过程中。

在工作方式方面，"安全保障项目化"路径具有工程化特征。海事局大桥办借鉴工程项目管理方式，在资金和人员管理上，引入工程成本项目化控制方法，配合施工进度和水上安全保障要求，因时因事制宜，适当调整保障工作，不断优化资源配置，降低施工成本，维护航行和施工安全。具体而言，海事局大桥办会按照"项目管理的计划与组织"——"日程安排和任务分解"——"根据实际情况调整预案"的流程来实施安全保障项目。"安全保障项目化"是海事局大桥办的首创，在国内其他重大工程项目中还没有出现过。

在工作原则方面，"安全保障项目化"路径具有适应性特征。海事局大桥办在航行和施工安全保障实践中，引入会议联动机制，按照涉水区域的环境和施工团队要求，召开讨论会，整合各方责任主体的意见，适当调整项目预案，提高工作效率。因此，海事局大桥办的保障工作方案会根据具体实践情况进行调整，处于不断地动态变化中，体现了海事局大桥办"活力与创新"的文化。

三、以"三零"为目标，创新"安全保障项目化"路径

为了实现"零事故、零污染、零伤害"的总目标，海事局大桥办引入工程成本项目化控制方法，科学取费，建立"项目化"费用新模式；在航行和施工安全保障实践中引入会议联动机制，高效协调，构建"立体化"沟通新机制。

（一）科学取费，建立"项目化"取费新机制

为落实交通运输部副部长冯正霖关于保障费用的有关指示，海事局大桥办主动借鉴项目管理方式，引入工程成本项目化控制方法，在资金和人员管理上首创"工程化"取费新机制，即按照工程施工进度和水上安全保障要求，不断优化资源配置，以降低保障成本。

首先，在大桥筹备阶段，海事局大桥办考虑到，如果按照以往涉水工程建设安全保障费用由（原）海事三产部门与建设单位通过谈判、讨价还价的方式，安全保障工作的实施效率极低，甚至会阻碍大桥施工建设的进程。为了解决这个问题，海事局大桥办把大桥建设的水上施工安全保障作为一个项目，提前融进大桥的整体设计方案，试图获得工可研究和项目概算。为此，原广东海事局局长梁建伟带队提前与广东省交通运输厅、业主单位联系，试图用运营企业的思维来解决施工安全保障资金的问题。经协商，最终决定将水上公共安全保障和施工安全保障作为一个安全项目单独给海事部门，由第三方研究机构对大桥建设涉及的公共安全保障和施工安全保障工作及相关费用进行专题研究，并将研究成果融入大桥的整体设计

方案，相关费用纳入工程概算。该思路给予海事局大桥办作为水上施工安全保障责任主体的身份地位，延伸许多传统海事职责范围之外的职能，同时他们所获的概算经费又弥补了所延伸的海事专项安全保障在人力、设备、资金上的不足。

其次，在大桥施工建设阶段，海事局大桥办与建设单位先后签署了《通航安全保障合作框架协议》等若干个实施协议，并以法定形式明确了双方的职责分工和费用使用程序、使用要求，并逐步建立起一整套"事前有预算，事中有监督，事后有审计"的取费制度，保障了费用使用的制度化、规范化和阳光化。

整个研究过程分三个阶段推进。在初期阶段，2011 年 3 月启动《桥隧工程水上交通安全保障费用标准专题研究》课题研究，2012 年 11 月完成专家评审会议，修改完善后形成了报批稿。第二阶段，2014 年 12 月启动《涉水项目建设施工期通航安全保障费用的计算与管理研究》，2015 年 11 月 14 日，通过专家评审会议。专家组充分肯定了《涉水项目建设施工期通航安全保障费用的计算与管理研究报告》（以下简称《研究报告》）采用的发现问题，分析问题，逐一解决问题的研究思路，认为《研究报告》思路清晰、方法正确、结论可信，完善后可作为政府部门就涉水项目建设施工期通航安全保障费用和管理工作制定政策、定额标准等的参考。

2016 年 6 月 12 日，交通运输部党组副书记、副部长、港珠澳大桥技术专家组组长冯正霖视察港珠澳大桥工作时，对《研究报告》给予高度肯定，并要求由部公路局牵头，部海事局等共同研究，吸收采纳《研究报告》相关成果，将研究成果纳入部路网中心正开展的公路工程行业标准制修订相关工作中，以满足我国公路涉水项目施工期通航安全保障费用计算需要。于是，广东海事局启动第三阶段关于计算方法的深入研究。

2016年7月19日，部路网中心在北京组织召开《涉水项目施工期通航安全保障费用计算方法》（送审稿）（以下简称《计算方法》）审查会。编写组按照与会专家与代表的意见进行了修改和完善。

2016年9月9日，部公路局在珠海主持召开了《计算方法》（总校稿）审查会。与会专家赴现场实地调研了港珠澳大桥施工期间通航安全保障工作情况，充分肯定了通航安全保障工作对港珠澳大桥建设举足轻重的作用。

2016年10月，部公路局发文向各省（市、区）交通运输厅（局、委）、部海事局、长江航务管理局，征求关于"公路工程涉水项目施工期通航安全保障费用计算方法"的有关意见。编写组对回函单位提出的相关意见认真整理分析，对计算方法进行了进一步的完善。

2017年2月23—24日，部公路局在北京组织召开了《公路工程基本建设项目投资估算编制办法》及《公路工程估算指标》总校会。同意将《计算方法》纳入公路工程建设项目投资估算和概算预算编制办法。

2018年12月17日，《交通运输部关于发布"公路工程建设项目投资估算编制办法""公路工程建设项目概算预算编制办法"及"公路工程估算指标""公路工程概算定额""公路工程预算定额""公路工程机械台班费用定额"的公告》（第86号），而《涉水项目施工期通航安全保障费用计算方法》作为附录H、G正式纳入新修订的《公路工程建设项目投资估算编制办法》（JTG 3820–2018）和《公路工程建设项目概算预算编制办法》（JTG 3830–2018），成为新的国家行业强制标准，自2019年5月1日起正式实施。

《计算方法》的颁布实施，明确在开展涉水项目施工期通航安全保障工作时，由专项设计确定工作内容、计算方法确定保障费用，以及保障费用要纳入项目投资中，规范了算法、统一了工作标准、理清了职责范畴，在国家行业标准层面首次形成关于通航安全保障费用计算的规范性文件，填补了目前公路工程造价管理文件体系中关于通航安全保障费用计算方法的空白；从源头上彻底解决了常规做法中"一事一议"引发多方争议不休等弊端；是新时代科学化、规范化开展施工期通航安全保障工作的重要指引依据。

（二）高效协调，构建"立体化"沟通新机制

为了增强保障方案的科学性和实用性，在航行和施工安全保障的实践活动中，海事局大桥办按照涉水区域的环境和施工团队要求，引入会议联动机制，召开系列讨论会，听取施工单位汇报和保障团队要求，整合各方意见，适当调整施工组织方案和安全保障方案等，提高工作效率。具体而言，海事局大桥办实施涵盖部海事局、粤港澳海事机构、业主、施工等单位的会议制度，在系统内外建立起跨区域、跨部门协调的立体沟通机制、安全合作和执法联动机制、联络员工作制度、联络协调机制等，形成了"信息互通、资源共享、问题同解"的沟通协作新常态。

第三节　制度化：系统思维结制度成果

作为行政部门的一员，海事局大桥办遵守党和国家"行政管理现代化与法制化协同创新"的要求；作为海事管理的前线，海事局大桥办遵守《规定》，并在协助大桥建设、提供水上安全管理和保障服务的实践中，逐渐意识到构建制度化、民主化、法制化的海事部门治理体系对广东海事局的重要性，意识到提升治理现代化效率和协调能力对即将开始运营期的

大桥服务的重要性，意识到依法行政对海事部门管理服务职能转型进一步发展的重要性。于是，海事局大桥办基于现实需求，开拓创新，引入系统思维方式，构建制度设计的"输入—输出"动态系统模型，利用系统性思维方式构建制度体系。

一、制度设计思维：系统论

海事局大桥办的制度创新首先体现在制度设计思维方式的转变，即由传统的"上传下达""完全服从上级政府部门指挥"转变为更具自主性、能动性、全面性的系统思维方式。海事局大桥办将系统思维引入海事制度设计中不仅创新了海事管理知识体系，而且对于大桥建设期水上安全管理的实践具有重大意义。

在理论层面上，海事局大桥办意识到其具有双重身份，一方面作为政府行政执法机关，需要与上级政府机关、民营企业、社会组织、人民群众沟通联系，既需要对党和国家负责，又需要对社会负责，为人民服务；另一方面作为海事行业的组织机构，由全体海事执法人员组成，既需要对内部成员进行有效管理，又需要对他们的人身安全、经济利益负责。制度设计和制度创新便是海事局大桥办自我调节的最关键的外在表现。

在实践层面上，随着全国各级海事机构的改革异质性越来越强，海事局大桥办才可以根据服务大桥建设工程的特性，结合海事管理的一般理论，联系行政执法实践活动中的经验，设计出更加符合实际、更加全面的制度体系。

海事局大桥办究竟如何在制度设计中运用系统思维？海事局大桥办引入系统思维最经典模式，即"输入—输出"模型，并结合实际情况，满足模型前提需求。

　　一方面，海事局大桥办清楚地意识到"系统思维"受到"路径依赖"思考方式的影响。具体而言，海事局大桥办在制度设计过程中受到国家海事局制定的法律法规的影响，自主性的活动空间局限在以《中华人民共和国海事局海事行政执法监督管理规定》为核心的制度体系内。为此，海事局大桥办需要依据传统的海事管理活动规范和行政经验，遵循现有制度体系和规范的发展路径，以传统制度为模板进行制度设计。

　　另一方面，海事局大桥办意识到为了更加科学地设计制度，需要引入"理性选择"思考模式。具体而言，海事局大桥办是一个独立的理性行为体，相对于外部海事管理环境、上级政府部门、大桥管理局、施工建设团队、人民群众等行为体，它既具有自主决策和行动的能力，又具有参加大桥建设方案制订、表达自身意愿的能力。为了保持行动的一致性，海事局大桥办在制度设计上将受到其他行为主体的影响降到最低，尽量保持"统一对外"的话语体系。

　　海事局大桥办遵循国家法律法规框架和上级政府部门指示的"路径依赖"，接受其他行为主体的影响，仍保持"理性选择"的自主决策和行动能力，并在此基础上，运用系统思维进行制度设计和创新。（如图5.1所示）

　　首先，参与大桥建设的各个行为体主要通过"输入"部分进行利益表达，通过召开各种决策会议、讨论会议提出各自的利益和诉求，试图影响海事局大桥办行动方案的制订。同时，"输入"还会整合各个行为体的利益，汇聚不同的要求，将"各自为营"的主体汇聚成一个利益主体，海事局大桥办会在制定规则时协调和综合考虑各方要求。例如，海事局大桥办在筹备期提供临时设施设备保障时，便需要考虑如何合理分配有限的资金和资源，既满足大桥行政人员、施工人员对工作生活环境的要求，又保障航标、航测、航道、信息设备、巡逻船舶等工作必需的设备配备。

其次，这些"输入"的利益会传达到海事局大桥办，内部工作人员通过召开决策会判断哪些是合理的，哪些是必要的，哪些是符合海事部门管理要求的。在这一步骤中，海事局大桥办遵循"路径依赖"的思考方式，在上级海事部门现有的法律法规体系中，依据海事管理活动规范和传统经验，系统分析问题。海事局大桥办会"输出"法规、制度、规范、经验等，包括精准制订的《总预案》和精细规划的具体工作计划和机制。

再次，海事局大桥办"输出"的制度可以指导具体的海事安全管理和其他行政执法活动，体现它的分配能力、提取能力和反应能力，可以依据设计好的制度分配现有资源，提供设施设备保障服务；可以依据规定要求其他行为主体配合行政执法行为，要求往来船舶在新的航线航道内航行，避免它们误闯施工水域；可以依规定有序实施现场巡逻、实施保障通航安全、施工安全的具体行为，对突发事件做出及时的反应。

最后，海事局大桥办提供的安全管理和保障服务也会对其他行为主体发挥作用，改变他们的行为预期和利益诉求。作为理性行为体的海事局大桥办具有独立的"预期偏好和目标状态"，即以人民群众的根本利益为终极目标，以海事部门管理服务职能现代化转型为中期目标，以"零事故、零污染、零伤害"为管理总目标，以维持大桥建设期水上安全秩序、保障施工通航安全为短期目标。对于提供水上安全管理和保障服务中投入的人力和资源"成本"，海事局大桥办在充分考虑成本投入和预期偏好达成的状态后，及时调整服务行为。总之，海事局大桥办在实践中采用动态的"输入—输出"分析模型，将海事管理的理论知识与实践经验相结合，设计出科学化、系统化的工作制度。

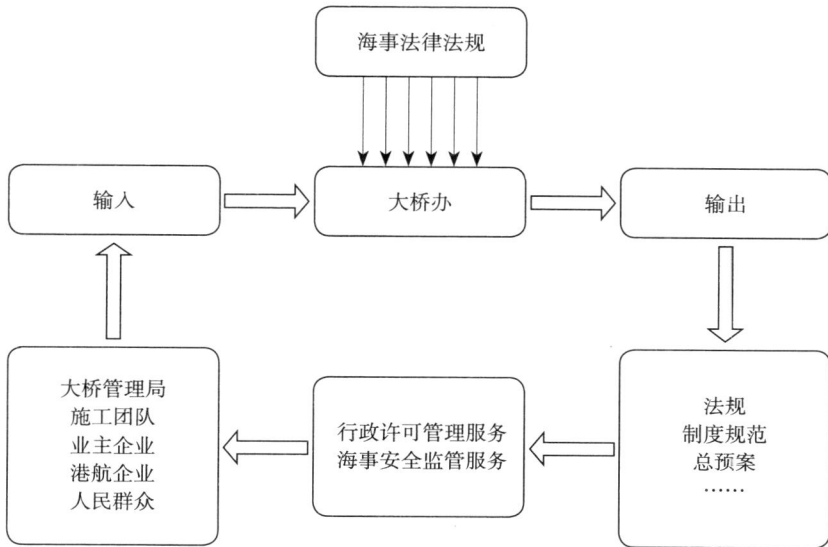

图5.1　大桥办制度设计流程图

二、制度设计成果：政务创新

实践中，海事局大桥办成功运用系统思维，构建"统一对外"的海事管理服务体系、内部管理廉政制度、"五层次管理体系"的保障资金管理机制，不仅为大桥建设的水上安全服务提供科学的理论依据，而且为我国重大涉水工程提供应对复杂问题的科学解决范本。

（一）"统一对外"行政审批机制

实践中，海事局大桥办需要解决权限和责任范围重合问题，"输入"国家海事部门的规范要求、传统行政管理经验、各个政府利益主体的实践经验、水域特点等影响因素，将"安全管理专职化、安全保障项目化"工作思路视为"路径依赖"，最终输出"统一对外"的行政审批机制。

在"输出"的制度成果反馈阶段，"统一对外"行政审批机制也对参与大桥建设的其他主体产生影响。其一，对大桥管理局而言，他们更容易向这个主体提出管理服务要求，在召开工程进展讨论会、方案制订会的时候不需要协调各个海事部门的时间，只需要通知一个统一的部门即可，提高了工程的行政效率和进程。其二，对施工建设团队而言，他们更容易找到行政审批的机关，避免了在不同水域施工，找寻不同的海事机构来审批的程序，节省了行政审批的时间，提高了施工效率。其三，对相关业主单位和港航企业而言，他们更容易获取限航和航道变动的通知，避免了在不同海域航行，找寻不同海事机关的通知，查询航线是否发生变动，避免了不知道以哪个机构的通知为准的困境，提高了工作效率，降低了大桥建设对珠江口航运的影响。

（二）内部管理廉政机制

为了进一步提高海事部门反腐倡廉科学化水平，有效防控海事行政执法廉政风险，海事局大桥办根据《海事行政执法廉政风险防控工作指引》，将"预防腐败"的工作理念贯穿到日常工作中，率先"输入"上级部门的指示要求。

海事局大桥办组织全体员工认真查找和确定容易诱发腐败现象的重点环节、重点岗位，进一步梳理和排查廉政风险源和风险点，针对薄弱环节和关键点选择有针对性和可操作性的廉政风险防控措施进行预防。在海事局大桥办的集体协商后，"输出"《大桥办廉政风险防控工作手册及内部管理制度》，预防和监管海事行政执法行为。

在"输出"的制度成果反馈阶段，《大桥办廉政风险防控工作手册及内部管理制度》究竟产生了什么实际影响？

对于内部行政人员而言，《制度》明文构建了行政人员职责分工体系，即在"四个一"原则的基础上，明确内部人员权责范围。同时，按照日常工作的重点——水上安全管理和保障服务实践，建立通航管理行政许可和航标设置行政许可具体机制和工作流程。

对于参与大桥建设的其他主体而言，《制度》也产生了深远影响。其一，对于大桥管理局而言，海事局大桥办行政人员按照《制度》办事，避免了私下"权钱交易"的行为，切实保障了大桥建设的透明运行。

其二，对于大桥建设团队而言，具体机制和流程的许可证审批工作减轻了他们的工作负担，使他们可以按照程序提交相应的文件，申请施工作业和航标布设许可证，一切按照规定办事，通过联合会审集体集中审批，不需要担心申请是否会被不作为的搁置延迟或者被无故否决而退回。

其三，对于相关业主单位和港航企业而言，他们的许可申请只要合乎法规和申请程序，便很容易申请到施工许可证，可以很容易获得航道改变、限航水域的相关信息，不会担心过往船舶走错航道误闯施工水域，发生安全事故，带来经济损失。

海事局大桥办实施的内部管理廉政机制，得到了内部行政人员、外部各个利益相关主体的一致认同，也取得了实际的成效。

（三）科学资金取费机制

港珠澳大桥建设耗资千亿元，如此巨大的投资对资金取费提出了严峻的考验，什么费用可以算在大桥建设费用中？每一笔费用按照什么样的名目来记录？不同部门花费的资金如何统一记录、统一结算？这些记录中每一笔开支都符合国家法律法规要求吗？

在大桥前期筹备阶段，海事局大桥办便和参与大桥建设的各个主体进行协商讨论，最终一致同意引入第三方机构来管理资金。因此，"输入方"不仅包括海事局大桥办的资金管理要求，还包括部海事局对海事局大桥办提出"明确区分和各自成账"的要求，即合理区分日常管理开支和大桥建设服务开支。海事局大桥办结合水上安全保障实践工作，"输出"海事局大桥办资金管理的相关制度，包括《涉水工程建设施工期通航安全保障费用的计算与管理研究报告》《公路工程涉水项目施工期通航安全保障费用计算方法》等文件。

在"输出"的制度成果反馈阶段，这些文件产生了什么实际效应？实践证明，"输出"的科学资金取费机制对大桥施工建设方产生较大影响，尤其在安全施工保障和安全航行保障两个方面。

在安全施工保障方面，一般施工保障费用直接由施工单位在安全生产费中取费并使用；特殊施工保障中具体工程如可包含在其安全生产费中，则在安全生产费中取费，在工程建设概算安全生产费列支项目中应明确该项费用内容；如无法包含在安全生产费中，则应在施工单位负责的工作项目中增列特殊施工保障工作，并增列该项工作费用。由于海事局大桥办本身财政经费中不包含为具体工程实施特殊施工保障工作的经费，实施这项工作，船艇、人员、设备等必需消耗费用由施工单位负责。

在安全航行保障方面，海事局大桥办明确要求可包含在安全生产费内的航行保障费用在安全生产费中取费，在工程建设概算安全生产费列支项目中应明确该项费用内容。按照行业习惯，安全生产费由施工单位提取与使用，而安全航行保障工作责任在业主单位，在工程建设中，海事局大桥办决定将安全航行保障费用的提取与使用权交由业主单位全权负责，减轻施工建设团队的工作量。针对无法纳入安全生产费的保障费用，在工程建设概算中增列安全航行保障工作项目，与该项工作对应费用项目。海事局大桥办实施的科学资金取费管理机制得到了施工建设团队的认可，并在实践中得到了切实执行，反响良好，促使它总结经验，形成一般性的安全保障项目化取费机制。

第三部分 海事价值观

引子：海事专家的交通强国梦

整整 9 年，如此漫长的施工期内，持续保持港珠澳大桥建设的"三零"目标，大桥办海事人每一年、每一月、每一天、每一小时的工作，都不能有丝毫疏忽。护航港珠澳大桥的海事人，具有几个典型的特点：一是技术范儿，拥有智慧的头脑和创新意识；二是逻辑范儿，施工过程中各项安全保障措施都经过反复分析、研讨，然后缜密进行；三是劳模范儿，都很任劳任怨，为参与这项伟大的工程而默默奉献。

在珠海唐家总营地，以负责人梁德章为代表的海事局大桥办十余名工作人员都是施工单位眼中的"效率达人"。在海事局大桥办这个特别的"指挥中心"里，他们必须具备快速的反应力、高效的执行力和良好的协调力。他们每天风风火火地忙于大桥施工水上安全保障的规划、许可、统筹、协调等工作，在特殊的工作压力下，每个人都练就了"一专多能"的本领，锻炼出随时随地解决问题的能力。他们中的大部分人家在广州，却常驻珠海。他们的作息时间与大桥建设同频共振，夜以继日，无周末，无假期，他们的休闲时光几乎全都被满满的工作占据。他们既是深得大桥建设者信赖的海事专家，也是"专门不回家"的"专家"。这群"不回家的人"赢得了港珠澳大桥管理局和施工建设单位的高度赞扬："大桥办的海事人把大桥建设当作自己的事。我们就像一家人那样，共同面对和解决重重困难，共同铸造着'一桥如虹，飞贯伶仃'的梦想。"

在广东海事局的倡导下，广东海事机构与大桥业主、参建单位共同签署共建平安水域合作备忘录，构建施工船舶安全生产层级责任制度，打造以落实安全生产责任、保障大桥建设水上交通安全为目标的安全责任链。系统内则在交通运输部和部海事局的领导下，由广东海事局具体指挥"百团作战"。

港珠澳大桥建设涉及众多的关键性节点工程，在交通运输部和部海事局的坚强领导和大力支持下，重大工程节点部领导、局领导现场指挥，鼓舞了士气，激发了斗志，指明了方向和目标，确保最终接头安装的"精准精细，决战决胜"。部海事局成立以局长为组长的港珠澳大桥建设水上安全监管领导小组，广东海事局成立以局长为首的水上安全监管领导小组，深圳、广州、珠海、东莞、中山等海事机构以及南海航海保障中心、广州航标、广州海测等机构成立现场监管实施领导小组，各监管分区又成立现场监管实施单位，为大桥水上交通监管工作的全面开展提供了坚强的组织保障。

　　在大桥办白色的墙面上，贴满了航路调整示意图和航行通告，图中的文字密密麻麻，似乎在诉说着航道转换任务的复杂与艰巨。有趣的是，还有一串串数字，这 35 行 595 个数字，记录了每次沉管浮运安装和交通管制重要节点工作的落实时间和进度，每次 25 项工作，每一项都落实到每一个团队、每一天、每一小时，甚至每一分钟，只有这样的精准布置，才能保障施工安全和公共通航安全，才能促进大桥建设和珠江口航运发展实现双赢。

　　与其说幸运，不如说专业，一次次的决定与担当，赢得的是业主、施工方、船方共同的赞同和支持，守护的是一方水域长达 9 年的祥和与平安。港珠澳大桥管理局局长朱永灵说，海事部门全过程、贴心式的安全保障，保证了大桥建设顺利推进，如果没有海事部门的大力支持，大桥建设会寸步难行。

　　一个个科学筹划，一项项改革创新，一次次迎难而上，海事局大桥办全体工作人员在保障大桥建设水上安全的工作中，践行着他们的交通强国梦。

第六章　团队建设：探索海事改革的工匠精神

中国海事承担着"让航行更安全，让海洋更清洁"的崇高海事使命，在保障船舶航行安全、保护海洋环境以及提高我国国家形象、维护国家主权方面发挥着不可替代的作用。作为国家政府机构，党的十八大以来，海事局大桥办坚决贯彻"四个全面"战略布局，全面落实"创新、协调、绿色、开放、共享"的发展理念；按照"四个交通"建设要求，抢抓交通运输发展的黄金时期，在保障服务港珠澳大桥建设的过程中，大力推进水上交通安全治理体系和治理能力现代化；作为大桥建设"参与者"，海事局大桥办认真执行党和国家的重要决定，承担大桥建设水上安全管理与保障责任。

在服务交通强国建设的征途中，在服务粤港澳大湾区建设的实践中，海事局大桥办作为中国海事的一员，积极承担起了践行者、保障者、宣传者的角色，为港珠澳大桥建设施工提供了优质的海事服务，提升了中国海事形象，为世界重大水上工程建设的管理服务提供了可靠参照。

一、工匠精神："三化"统领实现"三零"目标

以"革命化、正规化、现代化"为核心内容的海事"三化"建设是统领新时期推进海事科学发展的纲领性文件，是部党组建设海洋强国和科学

把握政府职能转变的战略部署，是基于交通运输体系建设中海事作用和系统功能定位发挥的重大决策，海事局大桥办充分认识到"三化"建设的重要意义，切实加强思想和行动的统一，将其付诸部党组的部署和决策之中。

具体而言，海事"三化"改革建设的总体目标是"到 2020 年基本建成国内一流的经济执法系统，基本达到国际海事管理的先进水平"。为了实现这一目标，身处海事改革前线的海事局大桥办全体工作人员，在上级部门的指导下，通过"三化"建设，努力建设一支听党指挥，作风过硬，服务人民的海事队伍；在海事局大桥办的组织下，建立健全职责清晰、运转协调、管理规范、行动统一的海事管理机制；在工作人员的团结中，形成管理到位、保障有力、服务智能的现代海事服务体系。

一方面，港珠澳大桥是我国目前投资规模最大、技术难度最高、地域环境最敏感、水域条件最复杂、水上交通保障要求最高的涉水桥隧工程。加强"三化"建设，是海事局大桥办履行复杂条件下，海上施工交通环境安全保障服务、助推我国从交通大国向交通强国转变的政治要求。新格局决定着海事发展的方向，新视野体现了海事人的眼界与高度，新形势给海事局大桥办的服务保障工作不仅带来了机遇，同时也带来了严峻的挑战。因此，海事局大桥办意识到加强"三化"建设，不仅需要创新实践、突破传统弊端，明确海事发展思路，在服务国家战略的过程中更好地发挥海事使命，在机遇与挑战中，不断适应新形势、新格局下的新要求。

另一方面，加强"三化"建设是海事局大桥办提高安全管理和保障能力的高效途径。海事作为支持和保障交通运输事业科学发展的重要系统，其生存和发展离不开交通运输的发展，这一基本条件决定了海事局大桥办的发展必须立足于交通、依靠于交通、服务于交通。港珠澳大桥水上建设施工以来，海事局大桥办立足服务于水上交通安全，不断创新安全管理模式、提升安全管理能力、提高服务水平，致力于保障港珠澳大桥建设水上交通安全，保护水上环境清洁，在维护国家海上主权方面发挥了积极的作用，最终取得了大桥建设水上交通安全"零事故、零污染、零伤害"成果，为确保重大工程建设水上交通安全提供了一条可借鉴的路径。

二、团队精神："双一流"海事部门

海事局大桥办坚持完善领导班子队伍建设、注重群众基础、树立良好政府形象；加强政治理论知识学习，强化水上交通安全管理，保障海事公共服务，推动海事创新改革，健全行政管理执法体系；努力提升海事改革使命核心价值，提升海事管理能力，提升海事依法行政水平，提升海事服务保障水平和队伍综合素质；努力建设"双一流"海事部门，即"一流"的团队、"一流"的员工。

海事局大桥办以"国内一流的经济执法单位"为建设目标，试图将全体工作人员的综合能力提升到国际先进水平，试图成为行业内率先达到国际海事管理先进水平的团队。围绕这一目标，海事局大桥办结合港珠澳大桥建设的实际要求，建立健全科学标准化的海事服务体系，为海事行业树立标杆。与此同时，海事局大桥办通过建立健全政治理论知识体系，强化政治思想教育，加强党员干部政治纪律教育和党性教育，强化责任意识教育，加强廉政风险防控机制建设，严格遵守党纪党规，完善公共监督机制，建立起了以"创新""敬业""工匠""团队"为核心的大桥办海事特色文化体系。

实践中，海事局大桥办致力于提升政务服务能力，结合港珠澳大桥水上建设实践经验，创新海事行业自律制度与规范，提出海事创新意识和海事服务理念。同时，海事局大桥办积极学习和吸收国际先进海事服务理念、实践方法和改革经验，构建新型海事管理模式，落实安全生产的主体责任，推动海事水上安全管理从政府管理向政务服务转变。

可以预见，在今后的工作中，海事局大桥办必将积极响应党和国家的号召，以"三化"建设为指导思想，致力于打造国家放心、人民满意、服务一流、世界领先的中国海事团队。以中国海事新格局为起点，全面实施交通强国战略，为现代交通运输业的蓬勃发展提供强有力的制度保障和体系支持。

三、敬业精神：提供大桥水上建设交通管理中国方案

在国际桥梁大舞台上，中国建造的大跨度桥梁数量已经占到全世界大跨度桥梁的一半以上，掌握着先进的桥梁制造技术，使得越来越多的中国企业正昂首阔步"走出去"。港珠澳大桥是我国继三峡工程、青藏铁路、京沪高铁等项目之后的又一世界级工程，它的建成将成为世界最长的跨海大桥，同时也将为中国增添世界公路建筑史上技术最复杂、施工难度最大、工程规模最庞大的跨海新地标。"走出去，走进去，走上去"成为我国桥梁产业出海的三步战略。港珠澳大桥百年世纪工程不但诠释了中国首创的含义，更彰显了中国制造登顶世界前列的实力。

鉴于当下国家"一带一路"倡议、东南亚发展规划和长期的对外合作需求，广东海事将进一步增强与国外海事的对外交流与合作。对于服务于百年世纪工程的海事局大桥办而言，它在港珠澳大桥水上建设中的管理服务经验，将以一种全新的价值理念"走出去"，为世界其他国家的桥梁建设安全管理提供指引和方向，使海事局大桥办的管理经验得到最大限度的延续。

第七章　工程典范：争做一流的世纪工程

港珠澳大桥投资规模超过 1000 亿元，是集合了路、桥、岛、隧的超级水上工程，既是我国交通领域建设的世界级跨海通道，又是连接香港、澳门和珠海的超大型跨海通道。从工程成果角度来看，港珠澳大桥是中国桥梁建造史上里程最长、投资最多的跨海桥梁。大桥建成后，将成为全球最长的跨海大桥，也是拥有世界上最长海底隧道的跨海大桥。从工程施工角度，港珠澳大桥是我国投资规模最大、技术难度最高、地域环境最敏感、水域条件最复杂、通航安全保障要求最高、海事监管服务难度最大的超级水上工程之一。港珠澳大桥的设计和建设历程，不仅是大桥本身的建造历程，也是我国桥梁建设技术革新的历程。例如，港珠澳大桥施工建设团队面临着复杂的海床结构、恶劣的自然环境、超长的跨海距离、10% 的阻水率等严峻的现实问题。这也意味着施工团队对海事部门的水上安全监管服务要求更严格、精准度更高，意味着海事局大桥办的安全管理难度更大，责任更艰巨。

一、航道转换以应对复杂多变的施工组织

港珠澳大桥横跨珠江口 6 条重要航道，工程施工必然要占用航道，占用航道施工时又必须给过往船舶通航开辟新的临时航路。对于港航企业来

说，如果航路调整不当，导致绕航航线过长，将影响客船准点率，增加运输成本，对服务质量和企业利润造成影响；对于工程建设来说，如果调整稍有不慎，将可能导致交通无序，施工混乱，进而引发水上交通事故，延误大桥建设工期。航道转换工作要在施工和通航的"效益天平"中取得相对平衡，做到保障民生和促进施工"两不误"。

港珠澳大桥"岛隧工程"建设需占用伶仃主航道，为减少对船舶航行安全和周边港口正常生产的影响，需要开辟临时航道以替代原伶仃航道的功能和作用。2011 年年初，海事局大桥办相继组织召开港珠澳大桥岛隧工程伶仃西临时航道疏浚试挖施工协调会、临时航道转换技术研讨会、《港珠澳大桥岛隧工程伶仃西临时航道水域船舶航行图》制作技术方案审查会、临时航道助航标志设置方案集中会审等会议，牵头开展伶仃临时航路转换相关事宜。在各项措施深入落实和相关单位广泛宣贯的基础上，伶仃临时航道于 2011 年 4 月 22 日 12 时正式启用。2011 年 6 月 15 日 12 时，伶仃临时航路关闭，伶仃主航道恢复通航，伶仃临时航路第一次转换工作正式完成。据统计，为保障伶仃航道转换的顺利进行，海事局大桥办共累计组织召开协调会 11 次，参会人员 135 人次，投入现场警戒船艇 112 艘次，实施现场警戒 738 人次。根据现场情况反馈，本次临时航路调整期间，船舶通航秩序良好，港口生产作业正常有序，其间未发生任何通航安全事故，有力地保障了大桥岛隧工程建设的顺利进行和往来船舶的通航安全。

大桥建设过程中，仅岛隧段伶仃航道就转换 3 次，龙鼓西航道调整 2 次，而桥梁段航道调整则历经 12 个阶段共 37 次，整个建设过程中，航道调整工作科学安全、稳步有序，主要得益于海事局大桥办高度重视航道转换（调整）工作，在前期阶段就组织开展了大桥施工期船舶航路规划研究；在施工阶段，每次航路调整前，都认真征求各方意见、制订通航方案、协调布置工作、落实宣传宣贯、开展现场维护、规划布设航标以及调整后评估等工作，做到万无一失，保障大桥建设水域临时航道通航安全和施工安全。

二、应急机制以应对恶劣的自然环境

从自然环境来看，港珠澳大桥工程所处的珠江口水域气候条件恶劣，灾害性天气频发，受台风、暴雨、雷电以及强对流天气带来的龙卷风等恶劣天气的影响较多。同时，还受到寒潮大风、雾季天气、季风天气等的影响，对施工安全构成重大威胁，容易引发海上交通安全事故。

尤其是热带气旋，特别是南海台风，路径多变，移动速度较快，过境时造成整个水域风急浪高，对船舶造成严重威胁，曾造成多起沉船或人员伤亡事故。热带气旋突发性特别强，在短时间内能够造成严重灾害，破坏力极强，对船舶施工作业的安全威胁极大，是影响大桥建设最具危险性的自然灾害之一。在珠江口登陆的台风每年平均有 1 次，个别年份达 4 至 5 次。每年 6 至 9 月是受台风影响的季节，平均每年受热带气旋正面影响 2 至 3 次。

与此同时，参与港珠澳大桥施工船舶数量众多，种类复杂，为保障施工船舶避风防台安全，有必要开展港珠澳大桥施工船舶防台规划研究。大桥建设过程中，施工船舶数量及种类处于动态变化之中，因此，基于调研与踏勘，明确防台水域的使用限制条件，并为不同尺度船舶分别推荐不同限制条件的防台专用水域，也是海事局大桥办的重点工作之一。

面对台风的威胁，海事局大桥办和大桥业主单位、施工单位的防台应急体系共同构成一个有机整体，采取协调机制，三方防台力量和措施共同作用，协调一致，降低了台风带来的危害。这些措施对于顺利开展防台工作，保障施工船舶防台安全和有效应对防台突发事件具有重要作用，为港珠澳大桥主体工程施工建设提供了有效的安全管理。

三、平安水域以应对特殊的通航环境

从通航环境来看，港珠澳大桥作为连接粤港澳三地的超大型交通基础设施，桥区附近水域辽阔，港湾锚地众多，水道纵横交错，通航环境复杂。

随着岛隧工程、桥梁工程的先后开建，大量的工程船、砂石船、运输船等进入伶仃洋水域，使珠江口水上交通安全问题凸显，船舶碰撞和沉船事故是该区域的主要交通事故。特别是工程在穿越伶仃航道时采用沉管隧道方案，隧道建设和沉管浮运作业对过往船舶通航安全影响极大，对周边港口正常生产带来严重影响。沉管隧道建设需要多次航道转换，沉管隧道横穿伶仃主航道，施工期间需要多次与伶仃临时航道进行转换，临时航道多次启用、关闭，协调难度大。

不仅如此，全面铺开施工的桥墩施工平台和桥墩构筑物提高了船舶发生碰撞事故的概率。大桥建设期间，钢圆筒、大型钢箱梁、埋置式承台、物料设备等要从上海振华基地、中山基地、高栏港基地等通过海上运输至施工现场进行吊运、拼装，大型构件的频繁运输给海上交通安全造成了巨大的压力。与此同时，港珠澳大桥桥区水域是全国乃至全球高速客船运行最密集的水域之一，繁忙的航班加之粤港澳三地不同的体制和管理模式，使该水域的水上交通安全管理任务特殊而艰巨。加上港珠澳大桥穿越中华白海豚保护区的核心区、缓冲区和试验区，白海豚保护区对船舶航行有限速要求，船速必须在 10 节以下。这些现实因素都给海事局大桥办的安全管理工作带来了巨大的挑战和压力。

为了有效解决桥区水域通航安全这一难题，实现共建"平安水域"的目标，海事局大桥办积极落实水上交通安全管理职责，全力解决通航安全管理难题。

海事局大桥办配备现场趸船实施管理任务，趸船装备了 AIS、VHF、NAVTEX、GPS、雷达等先进的现代化管理设施设备，利用这些先进设备，保证巡航覆盖范围和频率，加强对大桥建设水域、施工船舶、运输船和过往船舶的安全管理。

通过配备巡航船进行巡航，海事局大桥办组织下级海事部门，及时纠正施工船舶的违章行为，大大缩短反应时间，提高处理事故效率，增强管理能力，减少损失。船舶性能的良好是实现安全的基础，是安全管理与安全监管有效开展的前提。因此，海事局大桥办明确禁止安全性能差的船舶进入港珠澳大桥施工水域。与此同时，建立沟通协调长效机制，以海事局大桥办为首的多家海事单位多管齐下，以构建"平安水域"为目标，建立了粤港澳海事机构工作联络协调长效机制，落实管理服务，保障通航安全。海事局大桥办通过定期召开联合联络会议，共同商议解决水上交通安全和船舶管理实际问题。

与此同时，海事局大桥办还面临复杂的海事管理协调问题，这主要是因为港珠澳大桥建设涉及粤港澳三地政府，协调事宜多。这些都使得海事局大桥办的安全管理协调难度加大。于是，海事局大桥办厘定责任，构筑水上安全责任链；实施七线四区三域的网格化管理，分设香港、深圳、广州、珠海四个管理区和施工水域、桥梁管理水域、预警水域三个水域，保障水上安全服务的连贯性、有效性、专业性，提升安全管理的现代化、国际化水平。

第八章 政务创新：创新政府公共职能的海事样本

政务服务改革创新的实践

作为海事机构试点和先锋队的海事局大桥办，在提供水上安全管理服务的同时，也开启了政务改革和公共职能转型。港珠澳大桥这个举世瞩目的超级工程建设，对海事局大桥办而言既是挑战，又是机遇，它要求对现行海事部门的管理理念和制度，按照现代化、高效化、法制化、廉政化、国际化方向改革，以实现与港澳两地政府进行对接，使"中国海事治理模式"被全球社会认可。

一、政务体制创新

海事局大桥办进行政务体制创新，建立"统一对外"的审批机制。为避免"多头管理、权责不清，协调困难、效能低下"的问题，海事局大桥办弥补传统的海事机构行政审批机制弊端，打破涉水海域人为行政区域的划分机制，全面推进行政审批"五统一"的体制创新。

理论上，"五统一"具体指代统一对外协调，统一对外办理海事政务工作，统一组织海事管理及协调施工安全保障服务工作，统一制定安全管理、航海保障要求和规定，统一对外商定通航安全保障有关费用。从而科学配置审批权，实现由权责范围交叉的各部门分散、封闭办理向集中公开办理的转变。

实践中，"五统一"主要体现在统一审批事项、统一审批权力、统一审批人员三方面。其一，统一审批事项是指审批事项向行政审批办公室集中。在不改变省直部门对政务服务项目的法定许可审批、许可审批主体资格和不增加编制的情况下，海事局大桥办设立专门的服务于大桥施工建设的行政审批办公室，并严格与其他行政审批工作分开，将原本散落在各个地区处理的审批事项向海事局大桥办审批办公室集中。

其二，统一审批权力是指审批权力向"大桥办领导层"集中。按照"集中受理、授权充分"的原则，海事局大桥办主要负责人在审批中发挥主要作用，其他行政执法人员按照《大桥办廉政风险防控工作手册及内部管理制度》中的审批程序提供服务。将权力相对集中统一于海事局大桥办工作人员，简化事权，提高行政审批效率。

其三，统一审批人员是指广东海事局、深圳海事局和珠海海事局选派人员，行政执法人员统一在海事局大桥办内办公，做到审批人员不变地点变，审批事项不变机制变，审批职能不变方式变，实现海事局大桥办之外无大桥行政审批。

二、政务模式创新

海事局大桥办进行政务模式创新，创新性地提出"四个一"的海事管理模式。为了解决建设单位、施工单位和群众"办事难"的问题，海事局大桥办统一各级地方政府所属辖区，实行"四个一"海事管理模式，并在此基础上构建新型政务制度。

具体实践中，海事局大桥办推行及时办理制，实现大桥建设行政许可审批一次性办结、一条龙服务、一栋楼行政。对于程序简便、审批材料齐全的事项，实行"窗口人员受理审查，首席代表核准"的一审一核制；推行服务承诺制，实行一次性通知。对于大桥办和管理局制订的工作总方案和具体的限航管制水域计划，都及时地一次性告知相关港航企业和业主单位，防止往来船舶误入施工水域；推行首问负责制，实现一个窗口办理业务。

尤其是，对于涉及两个或两个以上部门手续的事项，行政人员需要联合、协助其他相关部门办理，简化办理程序和手续；推行并联审批制，实行联合决策模式。对于重大审批项目，由海事局大桥办统一协调，召集各个利益相关方召开决策会议，共同制订具体工作计划。

三、政务管理创新

海事局大桥办进行政务管理创新，构建制度化、体系化的廉政管理模式，形成通航管理行政许可和航标设置行政许可具体机制和工作流程。为了有效地防控海事行政执法廉政风险，提高行政执法的透明度，海事局大桥办建立了内部人员管理和职责分工体系。海事局大桥办制定了《内部管理制度》，建立海事行政执法风险防控机制，形成通航管理行政许可和航标设置行政许可具体机制和工作流程。

四、政务技术创新

海事局大桥办进行政务技术创新，打造公开透明现代化的政务信息服务平台。海事局大桥办指导相关部门，充分利用现代信息技术。首先，海事局大桥办携手各级海事机关，共同建立一种适合大桥建设实际需要的信息发布机制，将每一次航道转换工作计划、封航水域等通知及时传递到相关单位和企业。其次，海事局大桥办大力推进大桥建设政务公开，将其负责的行政审批事项、审批流程都在网络上公示，便于跟踪审批动态。实现审批项目、办事程序、申报材料、审批依据、承诺时限、收费标准"六公开"，使行政执法行为更加透明。最后，海事局大桥办一直致力于建立智能管理网络体系，咨询专业人士，在打通各级海事部门现有技术资源的同时，开发利用新技术。

五、深化海事政务服务改革的具体途径

海事局大桥办尝试从多个方面深化海事政务服务体制改革和创新实践，在大桥筹备和施工建设阶段都取得了良好的绩效，并将该发展模式继续应用于大桥的营运期。为了达到推广的目的，海事局大桥办总结出其深化政务服务创新的具体途径。

（一）政治途径

党的十八大以来，党中央与国务院提出建设服务型政府的改革目标，推进行政审批制度改革。海事局大桥办切实转变政府公共管理职能，继续深入贯彻大桥建设行政许可服务，简化事权，精简审批程序。同时，海事局大桥办还拓展服务领域，由传统的水上交通安全管理服务为主，转向提供水上安全管理和保障综合服务，打造面向粤港澳全体公众和企业的综合服务平台。

海事局大桥办在以建设服务型政府为发展目标的基础上，协调推进行政管理体制改革。政务服务改革是政府行政管理体制改革的一个子系统，是其他各项改革的推动力，因此海事局大桥办将两者相联系，将构建服务型政府的目标与行政管理体制改革的顶层设计框架相联系。不仅如

此，作为海事部门行政改革的试点，海事局大桥办借鉴国际先进行政管理的经验，结合大桥建设的具体行政实践，重点推进"四个一"管理模式的改革。

海事局大桥办借鉴新加坡政府的经验，大胆尝试创新，颠覆传统的顶层设计，简化事权，加强行政执法人员的权限和责任，并以制度化的方式来划分权责范围和奖惩机制，推动"服务型政府"的建设和政务服务现代化改革。

（二）法律途径

目前，虽然港珠澳大桥已经建成并即将投入运营，但是海事局大桥办政务服务改革仍然处于探索时期，最重要的是已经总结出的改革模式和改革经验还没有在法律法规上体现出来，是因为海事局大桥办"服务型政府"改革的性质与地位、职责与权限、内部机构的设立与变动、与其他行政机关的关系、基本工作程序与制度、法律责任等，都缺乏法律依据。这对于其他海事部门的规范运作、经验借鉴和健康发展都有不利影响，因此，海事局大桥办在具体工程中的实践，有利于推动相关法律法规的健全，使海事机构政务服务改革走上法制化轨道。

可以说，海事局大桥办政务服务改革的经验来自服务大桥建设的实践，并且经历过大桥筹备期、建设期长达九年的检验，它的"四个一"管理模式、它的"安全管理专职化、安全保障项目化"工作思路仍然是一个新事物，要想成为全国性的法律法规文件，要想在全国范围内推行使用，仍需不断探索。与此同时，各个地区的海事部门在具体实践工作中会面临不同的问题，面临不同建设工程的不同要求。海事局大桥办可以通过交通运输部海事局，给予其他地方海事部门的改革发展，以明确的阶段性政策建议和经验指导，提供一般性的政策性指导。同时，海事局大桥办也可以建议其他地方结合本地区海域和工程建设的实际情况，制定地方性法规和政府规章等地方性法律文件，推动全国范围内海事部门"服务型政府建设"和政务服务创新改革。

未来，广东海事局将继续推进政务服务规范化、法制化建设，在营运期为人民群众和相关企业单位提供更加优质的服务，实现职能明确、行为规范、运转科学、制度健全、工作高效的治理目标。

（三）管理途径

海事局大桥办在推进政务服务改革创新科学化、现代化发展时，意识到改革并不是简单的"物理变化"，而是一个"化学反应变化"；并不是一个累积性"量变"，而是一个"质变"的过程。

在此过程中，首先，海事局大桥办需要推动内部管理体系改革，使参与建设的各个行为主体和管理机构的相关业务成为一个有机整体，凝聚全体力量达成"安全建设大桥，构建粤港澳大湾区，服务人民群众"的根本目标，充分发挥集聚整合作用。

其次，在组织层面，海事局大桥办为解决人员构成和人员管理上的"二元结构"问题，探索出一条政务创新的新道路，以突破行政管理瓶颈。海事局大桥办一方面明确大桥建设期特殊管理体制，认清行政人员都原属于其他海事政府机构的现实情况，即人员构成上具有流动性、暂时性、机制性。为此，海事局大桥办在管理上提出，在大桥建设的工作期间，所有行政人员都要服从负责人的要求和指示，划定人员的权限和责任范围，对所有人员进行统一管理。另一方面，海事局大桥办建立行政人员长期学习机制，建设"学习型政务服务机关"，深化"服务意识"，切实使安全管理保障服务成为群众满意的工作。

最后，海事局大桥办积极树立公共服务理念，加强内部文化建设。海事局大桥办既要开展行政人员的教育和培训，建立行政伦理、业务素质、公关礼仪培训体系，提高其业务水平和服务能力水平；又要通过制度规范、绩效考核等方式，激发大桥办工作人员的积极性与创造力，持续改进工作质量，转变工作作风。与此同时，海事局大桥办提出"活力与创新、和谐与包容、廉洁与奉献、责任与荣誉"的内部文化，既可以加强政务服务文化建设，又可以增强人员的凝聚力，引导人员树立"以人为本"的服务理念，塑造亲民和谐的形象。

小智治事，中智治人，大智治制。海事部门作为国家治理体系的重要组成部分，需紧扣我国主要社会矛盾的变化，按照高质量发展要求，着力解决发展过程中不平衡不充分的问题，着力强基固本推进海事治理体系和治理能力现代化，努力建设人民满意的海事，让人民群众对海事发展成果有更多的幸福感、安全感和获得感。海事局大桥办也开启了经验总结和政务创新的新起点：在政务体制方面，建立"统一对外"的审批机制；在政务模式方面，提出"四个一"的海事管理模式；在政务管理方面，构建制度化、体系化的廉政管理模式；在政务技术方面，打造公开透明现代化的政务信息服务平台。在深化海事政务服务改革的具体途径方面，通过政治、法律、管理三个途径成功地完成了实践工作，完成了"服务型政府"的建设和政务服务体制的创新，为全国其他海事部门提供了宝贵的、科学的、现代化的实践经验。

进入新时代，海事局大桥办认真落实高质量发展要求，不断完善港珠澳大桥水上交通安全监管服务机制，持续提升安全监管和服务保障能力，着力保障水上交通安全形势稳中向好，着力服务粤港澳大湾区发展战略实施，着力推动现代航运业快速健康发展，建设人民满意的海事，在交通强国建设中发挥先行引领作用，为交通运输行业提供持续创新政府公共职能的海事样本。

第九章　国家战略：中华民族伟大复兴的海事梦想

第一节　服务粤港澳大湾区建设

2017 年 7 月 1 日，《深化粤港澳合作　推进大湾区建设框架协议》在香港签署，粤港澳三地将在中央有关部门支持下，全面发力推进粤港澳大湾区的建设，打造国际一流湾区和世界级城市群。《协议》要求："推进基础设施互联互通。强化内地与港澳交通联系，构建高效便捷的现代综合交通运输体系。"交通基础设施建设，是粤港澳大湾区建设的重要载体和主要内容。

粤港澳大湾区的规划建设，是作为国家建设世界级城市群和参与全球竞争的重要空间载体。建设港珠澳大桥是中央支持香港、澳门和珠三角区域更好发展的一项重大举措，是"一国两制"下粤港澳三地政府合作建设的又一伟大实践。港珠澳大桥是粤港澳大湾区基础设施建设"互联互通"的先导项目、实验项目和样板项目。港珠澳大桥的建成，搭建了"一国两制"桥梁，搭建了联通港澳同胞的桥梁。

基于粤港澳大湾区的特殊地缘背景，其提出的"9+2"超级城市群中，各方面发展均需在"+2"上做文章、实现突破，大湾区不仅要有空间的观念，更需要有管理上的协同，从而促进湾区内港、澳地区与内地城市群间人流、物流、资金流及信息流等要素真正的高效便捷流通。

一、"一国两制"桥梁：推动粤港澳共同发展

港珠澳大桥是在"一国两制"的基本国策下，粤港澳首次合作建设的大型交通基础设施，是国家"十三五"重大工程和《珠江三角洲地区改革发展规划纲要（2008—2020年）》确定建设的重大交通基础设施项目，是连接粤港澳的重要便捷通道。港珠澳大桥的建设具有重要历史意义和现实意义。港珠澳大桥东连香港特别行政区，西连广东省珠海市和澳门特别行政区，作为国家高速公路网规划中珠江三角洲地区环线的重要组成部分和跨越伶仃洋海域的关键性工程，大桥的建成将形成连接珠江东西两岸运输的新格局，带动珠江东西两岸的经济建设与发展。港珠澳大桥的建设也将强化内陆腹地经济建设和产业结构优化升级，使广西、湖南、江西等地的产业梯度转移速度加快，使其产业要素转移至北部湾和南宁等地，并形成面向东盟的海、陆国际大通道，打通与东盟的进一步合作往来，带动周边地区经济发展，成为我国"一带一路"建设的重要交通枢纽。同时，港珠澳大桥将带动粤港澳大湾区而成为世界新的经济增长极、拉动中国经济增长的超强引擎，成为与纽约、伦敦和东京三大湾区相媲美的粤港澳都市圈。

因此，港珠澳大桥通过完善国家和区域高速公路网和综合运输体系，将改善珠江西岸地区的投资环境，强化珠江口两岸城市间的经济协作，密切珠江东西两岸地区与香港地区的经济社会联系，寻找新的经济增长点，提升珠江三角洲地区的综合竞争力。与此同时，港珠澳大桥的建设对于贯彻落实珠三角地区改革先行先试、加快产业结构调整、优化产业布局具有划时代的重要意义，对于推进珠江三角洲地区区域经济社会协调发展具有重要意义。

二、"一带一路"建设：粤港澳携手"走向国际"

2017 年 5 月，"一带一路"国际合作高峰论坛在北京召开，国家主席习近平出席"一带一路"国际合作高峰论坛开幕式，并发表题为《携手推进"一带一路"建设》的主旨演讲，强调坚持以和平合作、开放包容、互学互鉴、互利共赢为核心的丝路精神，携手推动"一带一路"建设行稳致远，将"一带一路"建成和平、繁荣、开放、创新、文明之路，迈向更加美好的明天。设施联通旨在拓展各国在陆路、海洋、航空以及互联网等相关领域相关项目及基础设施建设，同时加强运输的便利化与制度协调，打造安全高效的陆海空通道网络，使互联互通达到新高度新水平。大力推进基础设施的互联互通建设和国际大通道建设便成为"一带一路"倡议的国家重要关切点。

海运是 21 世纪海上丝绸之路的途径，船舶是 21 世纪海上丝绸之路的载体，中国海事是这项宏伟国家战略的参与者和护航者。海事局大桥办作为中国海事的一员，积极响应我国海事使命，以"三化"建设为目标，投身于港珠澳大桥的水上交通安全管理之中，承担着"一带一路"建设的践行者、保障者、宣传者的重要作用。海事局大桥办作为中国海事的一分子，在"一带一路"建设中发挥着极为重要和不可替代的作用。

作为国家政府机关，海事局大桥办执行党和国家的重要决定，在大桥建设中起到模范带头作用，秉持着"三有利、五统一"的工作原则，充分发挥海事管理资源综合效能，确保施工安全管理的组织与实施，积极为参建单位提供便捷高效的管理服务，为生产前线提供充足的临时设施设备保障服务，切实保障大桥的顺利建设。与此同时，中国海事承担着履行国际条约，加强与各国海事交流与合作的使命。在国际海事组织（IMO）的框架下，我国在船舶管理、船舶检查技术以及海事文化等方面都与世界其他国家展开了互动与合作。海事局大桥办作为中国海事的一员，通过对港珠澳大桥水上世纪工程的交通安全管理与服务工作，正以越来越精湛的服务水平、越来越务实的管理素养、越来越浓厚的海事文化提升着中国的国家形象和国际影响力。

海事局大桥办在港珠澳大桥的水上建设中，虽然面临着海上施工船舶种类繁多、数量较大，船舶状况参差不齐，情况大不相同的状况，但是海事局大桥办迎难而上，对施工船舶安全进行了有效合理的管理。通过严格的管理和良好的服务，规范了施工船舶的安全管理，制定了安全管理制度，保证了施工船舶的安全，没有因海事管理、服务不到位而发生恶性施工作业安全事故，有力地支持并保障了港珠澳大桥的建设。

"一带一路"的目标之一是增强我国的海洋影响力，为实现海洋强国战略创造稳定和谐的外部环境。海事部门不断提高国际履约能力和水平，在国际海事界树立负责任的大国形象。

海事部门在宣传21世纪海上丝绸之路的工作中具有以下三方面的优势。首先，海事可以利用国际海事组织（IMO）框架下的合作关系，与各国海事管理部门进行交流和沟通，使其他国家海事管理部门加深对"一带一路"倡议的理解，进而加深其他国家或地区对"一带一路"倡议的认同感。其次，海事可以利用与各国船舶接触和交往的机会，影响其船员、船舶公司的态度和认知，获得更多国家和地区的支持。海事局大桥办作为中国海事的一员，通过对港珠澳大桥的水上建设的交通安全管理，以其优质的海事管理服务，提升了中国的海事形象，向世界传播了"敬业""工匠""团队"的海事精神，为世界重大水上工程建设的管理服务提供了可靠参照。

第二节　护航"世纪工程"

港珠澳大桥设计使用寿命为 120 年，打破了世界上同类型跨海桥梁普遍寿命只有 100 年的"百年惯例"。作为百年世纪工程，港珠澳大桥的建成将推动粤港澳三地经济互动发展，加快区域经济一体化进程。建成通车后，驱车从珠海到香港的时间将由目前的 4 小时缩短到 30 分钟，为粤港澳大湾区核心城市群之间带来更频繁的经济联系、交通联系和人员往来。海事局大桥办因桥而生，从诞生就肩负起为港珠澳大桥建设"保驾护航"的历史使命，责任艰巨，使命光荣，唯有卧薪尝胆、全面履职，才能不负重托，实现辖区水域"三零"目标。

一、大桥建设背景

被称为中国的"南大门"的珠江三角洲地区位于珠江下游，广东省的中南部，毗邻港澳，与东南亚地区隔海相望，海陆交通便利。20 世纪 80 年代以来，利用国家的政策优势和有力的区位条件，成为我国崛起最快的地区之一，是我国改革开放的先行地区和重要的经济中心区域，依托毗邻港澳的区位优势，在我国经济社会发展和改革开放大局中具有突出的带动作用和举足轻重的战略地位，在国务院印发的《全国主体功能区规划》中被列为全国优化开发区域。

30 多年来，区域经济社会发展取得了举世瞩目的成就，但是珠江两岸发展的差距也在逐步拉大，珠江西岸经济发展水平明显滞后于东岸，城乡和区域发展不平衡、生产力布局不尽合理等矛盾和问题也进一步显现。与香港交通联系不便是影响珠江西岸经济发展的重要因素之一，受珠江阻隔，珠江西岸与香港之间的陆路通行需绕行虎门大桥，然而水路交通受天气影响较大，运行时间较长，虽然珠江三角洲地区已经形成了比较完善的交通基础设施体系，但联系珠江两岸的交通基础设施布局仍不尽完备，服务能力仍显不足。

目前，珠江口两岸的交通联系主要依靠黄埔公路大桥、虎门大桥和虎门轮渡。其中，黄埔公路大桥位于广州市区，主要承担着广州市区周边组团间交通和京港澳高速南北向过境交通，但是沟通珠江口东西两岸的作用十分有限；虎门大桥地处珠江口北部，是当前沟通珠江口东西两岸的主通道，道路为六车道高速公路标准，若将所有车辆折算为小客车的话，目前的交通量为11.9万辆/日，处于严重饱和的状态，道路严重拥堵；加上虎门轮渡运力有限，受天气条件影响显著，通行能力有限，只能作为珠江口两岸交通的补充而投入使用，目前的交通量已达2.6万辆/日。

由此可知，现有的交通基础设施难以满足珠江两岸经济社会发展和交通运输的需要。为了推进珠江三角洲经济结构调整和经济转型发展，建立开放型经济体系，为我国全面建设小康社会加快推进社会主义现代化做贡献，广东省提出了珠江三角洲产业向东西两翼转移的战略布局，这将使两岸间的联系变得更趋紧密。国务院批准实施的《珠江三角洲地区改革发展规划纲要（2006—2020年）》提出，通过优化珠江三角洲空间布局，以珠江口东岸、西岸为重点，推进交通基础设施建设，形成与港珠澳及环珠三角洲地区紧密相连的一体化综合交通运输体系，重点建设港珠澳大桥等重大项目，增强珠江口两岸的交通联系。

二、世纪工程

港珠澳大桥是集多项"世界之最"于一身的跨海大桥，对于促进香港、澳门和珠江三角洲两岸地区的经济发展具有重要的战略意义。

（一）最长

港珠澳大桥全长 55 公里，是世界上最长的跨海大桥。其中，海底隧道全长 5664 米，由 33 节钢筋混凝土结构的沉管和 1 个最终接头对接而成，是世界上最长的公路沉管隧道、中国第一条外海沉管隧道和世界唯一的深埋沉管隧道。主体工程实行桥、岛、隧组合，总长约 29.6 公里，其中岛隧段长约 6.75 公里，桥梁段长约 22.9 公里。

（二）最大

沉管隧道浮在水中的时候，每一节标准沉管的排水量约为 76 000 吨，拥有世界上排水量最大的沉管隧道。而泰坦尼克号邮轮的排水量只有 46 328 吨，辽宁号航母满载时的排水量也仅仅只有 67 500 吨。

（三）最重

港珠澳大桥海底隧道由 33 节巨型沉管管节组成；每个标准沉管长 180 米，宽 37.95 米，高 11.4 米，重约 76 000 吨，是迄今为止世界最大体量的沉管。沉管预制均由工厂化标准生产，所使用的钢筋量相当于建造埃菲尔铁塔所需钢筋量。在重约 76 000 吨重的沉管下面，是预先安装好的 256 个液压千斤顶。

（四）精心

沉管浮运和对接的成败很大程度上取决于海上的气候条件。大桥工程方与国家海洋局海洋环境预报中心开展合作，并得出精细的小区域海洋环境预报。

（五）精细

在沉管隧道安装之前，还要在挖好的基槽中做碎石基床基础，即要在40 米深的海底，铺设一条 42 米宽、30 厘米厚平坦的"石褥子"，这条"石褥子"的平整度误差要控制在 4 厘米以内。为了预留 30 万吨级航道，沉管隧道最大埋深 40 多米，是世界第一次尝试沉管深埋。经过国内外顶尖团队的共同研发，开发出全新的"半刚性"沉管结构，把沉管深埋的构想变成现实，并且在世界范围内第一次做到了沉管隧道"滴水不漏"。

（六）精准

沉管在海平面以下 13 至 44 米不等的水深处进行无人对接。在复杂环境和多种环境介质的影响下，对接误差要求控制在 2 厘米以内。

三、勇担护航重任

人们看到了这座气势宏伟的跨海大桥，惊羡它的壮丽；人们周知这座大桥对于祖国的意义，敬畏它的存在；然而人们也许忽略了保卫它的海事局大桥办；这座大桥背后浸透了无数海事人的心血。

港珠澳大桥凝聚着海事局大桥办全体海事人员的奉献与付出，无数个日日夜夜，海事局大桥办为其保驾护航。为了保证港珠澳大桥 120 年的使用寿命和沉管隧道的安全，海事局大桥办按照交通运输部海事局将"'三零'目标落实到每一年、每一月、每一天、每一时"工作中的要求，采取各项措施共建大桥平安水域，护航百年世纪工程。实践中，海事局大桥办在港珠澳大桥建设中的护航工作可以从前期准备阶段、施工阶段和营运过渡阶段进行分析，海事局大桥办在这三个阶段都为港珠澳大桥水上建设提供了充足的管理和保障服务。

在港珠澳大桥的前期筹备阶段，海事局大桥办对国内外其他有借鉴意义工程的水上交通安全管理经验及做法进行了调研，配合开展了通航标准技术论证、线位方案比选、通航安全和助航设施管理规划、防撞设施和水文分析、通航环境和安全影响研究、珠江口港口航道锚地和防洪影响研究、水下结构物扫海调查、水下地形测绘等通航安全相关的专题研究工作，提出了专业性建议意见，相关成果为后续施工通航安全保障工作奠定了坚实的基础；组织开展了总预案编制，以及地质勘察施工通航安全评估、协调、许可等前期需要实施的海事管理工作和通航安全保障工作，切实保障了前期施工的水上交通安全。

在港珠澳大桥施工期间，海事局大桥办在认真研究港珠澳大桥施工期间桥区水域交通安全存在问题的基础上，制订各管理区域和不同施工阶段相应的船舶通航方案，各管理区域不同施工阶段的现场保障方案，隧道工程临时航道建设保障方案，隧道沉管运输保障方案，东、西人工岛建设水上交通安全管理方案，锚地调整与建设方案，航标设置和调整方案；明确广州交管专台与各管理分区的工作职责与规定；认真落实建设单位、施工单位的安全责任意见。

正是因为海事局大桥办坚持引导干部职工将社会主义核心价值观融入工作服务当中，从自身出发，积极践行社会主义核心价值观，才可以有效利用"用好一个专台、开好两次会议、布置三道防线、做好四个提前、协调五方关系、汇聚六方力量"的服务方式。

正是因为海事局大桥办科学投放管理力量，强化交通组织、现场保障和管控警戒工作，才能做到工作部署"无缝隙"；正是因为海事局大桥办加强 VTS 专室专人值班，定期发布信息，才能做到船舶预控"无缝隙"；

正是因为海事局大桥办设置"预警、拦截、物理封锁"三道护航警戒线，才能做到护航警戒"无缝隙"。正是因为海事局大桥办管理人员发挥连续作战的精神，全程管控，时刻保持高度警觉，才能做到"服务大桥"全程"无缝隙"。

海事局大桥办提供服务的工作时效，不仅全面覆盖大桥的施工期间，还伸展延续到大桥竣工后的营运过渡期。在营运过渡期间，海事局大桥办严格按照港珠澳大桥安全管理规定和港珠澳大桥桥区水域船舶航行安全管理规定，制订港珠澳大桥海事、航标管理机构设置方案，进行桥区水域巡航管理制度研究和大桥水域安全防护体系研究。

港珠澳大桥打破了国内同类型桥梁的"百年惯例"，设计使用寿命为120年。一座兼具最长、最大、最重、最精心、最精细、最精准特征的桥梁，背后浸透了无数海事人的心血。事实上，为这一世纪工程保驾护航的海事人员都认为这是一个光荣而艰巨的使命。九年来，海事局大桥办直接为9万多艘船舶提供了安全保障服务，始终坚持"零距离监管、零距离服务、零距离应急"的工作模式，始终坚持"革命化、正规化、现代化"队伍建设，不断探索海事改革任务，以"敬业""工匠""团队"的海事精神为百年世纪工程保驾护航，提交一份让国家、让人民满意的成绩单。

第三节　做交通强国建设的先行者

一桥飞架三地，随着港珠澳大桥的建成，粤港澳大湾区迈入大桥时代。"轮势随天度，桥形跨海通"，如今，诗句已变为现实。海事局大桥办用"敬业""工匠""团队"的精神，书写着建设交通强国的新篇章。

一、建设交通强国

党的十八大以来，交通运输行业牢牢把握优化布局加速成网这个关键，实现了交通基础设施跨越式发展。综合交通基础设施网络更加完善，"五纵五横"综合运输大通道基本贯通，各种运输方式一体化衔接日趋顺畅。随着我国交通强国建设的持续发力，不难想象，今后，更大规模、更高难度、更为复杂的超级工程将会更加考验中国交通建设安全治理能力。

在港珠澳大桥建设的过程中，海事局大桥办紧紧围绕国家发展大局，在服务粤港澳大湾区建设这一国家战略中充分展现了责任担当，同时为我国从桥梁大国向桥梁强国迈进发挥着保驾护航的作用。

9 年来，海事局大桥办的工作人员，在没有任何先例可循的情况下，逐步摸索出一整套大型水上集群工程建设中的交通安全工作方案和规范，填补了中国海事监管史上的多项空白：首次参与由粤港澳三地共建共管的水上工程项目的安全管理和保障；首次承担世界级隧道管节拖带浮运的全程通航安全保障；首次协调组织亿吨级港口出海航道的临时转换；首次开展涉水工程建设施工期通航安全保障费用的计算与管理研究；首次在大型涉水工程建设中提出安全命运共同体构想，形成安全生产责任链工作模式。

港珠澳大桥的成功建设，大桥建设水上交通安全"零事故、零污染、零伤害"的实现，是我国交通强国建设征途中极为重要和坚实的一步，同时也向世界宣示，我国海事部门有能力做好这项超级工程的水上安全保障工作，宣示着海事安全治理能力持续增强，治理体系日趋完善。

2017 年 6 月 16 日，交通运输部党组书记杨传堂莅临广东考察海事工作，对广东海事部门实现大桥建设水上交通安全"三零"目标所做的工作表示肯定。6 月 8 日，交通运输部部长李小鹏深入大桥建设水域现场，调研海事保障工作。他指出，港珠澳大桥是我国建设交通强国征程中的重大工程，海事部门要做好水上交通安全保障，为工程建设保驾护航。

2018 年是全面贯彻落实党的十九大精神的开局之年，是改革开放 40 周年，是决胜全面建成小康社会、实施"十三五"规划承上启下的关键一年。随着港珠澳大桥即将投入运营，海事局大桥办需久久为功，引领改革创新，继续提升水上安全保障服务能力，把责任扛起来，把能力强起来，按照高质量发展的要求，牢牢抓住供给侧结构性改革这条主线，加快推动海事管理服务质量变革、效率变革、动力变革，努力实现更高质量、更有效率、更加公平、更可持续的发展，为建设现代化经济体系、实现人民对美好生活的向往做出新的更大的贡献！推动我国建设交通强国的目标早日实现！

二、建设海洋强国

党的十八大报告中提出的"建设海洋强国"的宏伟目标，为我国在 21 世纪从海洋大国转变为海洋强国指明了前进的方向，为我国的海洋事业发展创造了前所未有的历史新机遇。

建设海洋强国是实现中华民族伟大复兴的必然抉择，是促进我国经济社会可持续发展的必由之路，是维护我国海洋权益的迫切需求。为了实现中华民族的伟大复兴，必须义无反顾地走向海洋，经略海洋，坚定不移地走以海富国、以海强国的和平发展之路。海洋强国的战略目标是党中央在我国全面建成小康社会决定性阶段做出的重大决定，是中国特色社会主义道路的重要组成部分，是一条以海富国、以海强国、人海和谐、合作发展的道路，需要每一个海事人以及全社会付出长期不懈的艰苦努力。建设海洋强国战略的提出是对我们党历代领导集体对海洋思想的继承与发展，体现了我党长期以来的不懈追求。

海事局大桥办全体海事人员全面贯彻落实科学发展观，奋力开创海洋工作的新局面，为建设海洋强国，努力为中华民族的伟大复兴做出新的更大的贡献。

鉴于港珠澳大桥工程规模宏大、时间跨度长，水上安全管理工作责任重大、任务艰巨、使命光荣，为了使水上交通安全工作能服务全局、加强统筹、强化协同、及时化解矛盾，营造港珠澳大桥建设水上交通安全工作和谐统一的氛围，保障水上交通安全、优质和畅通，海事局大桥办从"计划、组织、控制、协调、指挥"五个维度出发，贯彻"创新、协调、绿色、开放、共享"五大发展理念，秉持着"一个工程项目、一个目标要求、一个组织协调、一个品牌工程"的工作理念，力争将港珠澳大桥建设打造为一个和谐、品牌、优质、成功的工程。同时，海事局大桥办紧紧围绕通航安全和廉政建设的工作要求，结合港珠澳大桥的实际特点和难点，借鉴港珠澳大桥建设水上交通安全保障的阶段性成果，坚持"一窗办理、一站服务"的工作理念，探索出了"交通安全管理专职化、通航安全保障项目化"的工作思路，这一工作思路符合交通运输部、广东省政府、交通运输部海事局的指示要求，也响应了业主施工单位的诉求。

三、中国梦　海事梦

何为中国梦？实现中华民族伟大复兴，是中华民族近代以来最伟大的梦想。中国梦是民族复兴之梦、国家富强之梦、人民富裕之梦、社会进步之梦。中国梦为中国走向国际、走向世界、走向未来指明了正确的方向和道路，激励着无数中华儿女团结奋进、开辟未来、勇往前行。习近平总书记在党的十八大报告中提出"两个一百年"的奋斗目标，即"第一个一百年，到中国共产党成立 100 年时全面建成小康社会的目标一定能实现；第二个一百年，到新中国成立 100 年时中华民族伟大复兴的梦想一定能实现"。

如何实现中国梦？中国梦不是虚无缥缈的白日梦，中国梦需要通过改革开放，通过中华民族自食其力方能筑起梦之长城，才能实现中华民族的伟大复兴。空谈误国，实干兴邦。我们既要面向世界，面向未来，也要脚踏实地，为全面建成小康社会，基本实现现代化目标，实现中华民族伟大复兴而共同努力。然而，中国梦的实现不可能一蹴而就，它需要每一个中华儿女的长期奋斗和共同努力。要想实现中国梦，需要我们每一个人都做一名实干家，用行动走好每一步，为中国梦的实现贡献出自己的力量。

大桥办海事人的中国梦，就是海事梦。"让航行更安全，让水域更清洁"，就是全体海事人不辞劳苦、甘于奉献而筑牢的海事梦。海事局大桥办以此为准则，充分发扬"敬业""工匠""团队"的精神，在践行梦想的路上不断前行，为港珠澳大桥建设提供安全保障服务，确保大桥建设的顺利进展。

肩负使命，海事局大桥办从未停歇。海事局大桥办从 2009 年大桥开工建设以来，全力以赴，保障大桥建设水域交通安全畅通，为大桥建设提供安全管理和航行保障。海事局大桥办以确保大桥安全生产建设为己任，全心全意呵护大桥建设水域的航行安全。在海事行政许可管理、现场巡航监督管理、施工安全船舶管理、信息化管理与防台风、临时设施设备保障等方面，海事局大桥办用自己的行动书写海事梦想，用"工匠"精神铸就海事梦想。

携着海事梦，海事局大桥办还将迈向明天的辉煌。今天，中国梦是国家富强之梦，是中华民族伟大复兴之梦。听，集结号已经吹响，追逐海事梦的巨轮已经启航。头顶蓝天，脚踏风浪，满怀着憧憬与豪情，海事局大桥办将继续为港珠澳大桥水上交通安全保驾护航，继续认真贯彻交通运输部党组"三精两关键"的工作要求，坚持"革命化、正规化、现代化"为统领，用海事人的团结和奉献，在云水之间演绎恢弘的海事之歌。我们有理由坚信，中国海事队伍将会不断发展壮大，实力也将不断增强，海事管理服务水平也会不断提升。我们相信这个时代能够成为中国最好的时代，相信它也会给中国海事未来以最美的期许，海事局大桥办作为中国海事的一员，也将以此为契机，抓住发展机遇，不忘初心、砥砺前行。

　　穿上那一身海事制服，也就肩负起属于海事人的责任。海事局大桥办始终牢记海事人的职责使命。国家复兴、民族富强要求大桥办海事人不论在任何条件、任何环境、任何情况下都要发挥"敬业""工匠""团队"的精神，在追逐海事梦的道路上，海事局大桥办始终坚信，比能力更重要的是责任，海事局大桥办也将以更加积极、主动、敬业的姿态服务于港珠澳大桥水上建设，做好水上交通安全监管和服务。随着海洋经济的快速发展，也对海事工作提出了更严、更高、更新的要求。为实现海事的不断发展，确保船舶航行安全、施工建设安全，仍将是海事局大桥办的不懈追求。抬头眺望远方，海事局大桥办已航行在追逐海事梦的航路上，以国家和民族大任为指明灯，照亮着海事人前进的方向。

　　随着"放管服"改革的持续推进，以"革命化、正规化、现代化"为核心内容的"三化"建设重新提高了服务在海事部门履行宗旨的重要作用。中华民族复兴的海事梦想的实现，要求海事局大桥办坚持对党的忠诚。党的宗旨是全心全意为人民服务，海事的价值追求是服务人民、奉献社会，海事要代表最广大行政相对人的根本利益，这些都决定了"服务"是海事工作永恒不变的主题，服务是海事管理的基本属性，是海事的重要使命。只有无数的海事人秉持着不辞劳苦、甘于奉献的海事精神，才能筑牢"让航行更安全，让水域更清洁"的海事梦，只有无数中华儿女踏实有为、艰苦创新，才能筑牢"中华民族伟大复兴"的中国梦。正如习近平总书记指出的："现在，我们比历史上任何时期都更接近中华民族伟大复兴的目标，比历史上任何时期都更有信心、有能力实现这个目标。"海事局大桥办担负着保障港珠澳大桥施工和航行安全的重要职责，他们改革创新的精神豪情、实干肯干的激情、甘于奉献的热情、服务群众的真情，使得大桥办海事人能够立足当下，着眼长远，和千千万万海事人一起，共筑海事梦，共圆中国梦。

实现伟大梦想，必须建设伟大工程。建设交通强国、建设海洋强国，保障服务港珠澳大桥安全建设运营，是海事局大桥办全体工作人员不忘初心，为人民谋幸福、为民族谋复兴的行动体现。走在中国特色社会主义道路上，海事局大桥办全体工作人员具有无比强大的前进定力。他们将更加紧密地团结在以习近平同志为核心的党中央周围，深入践行新时代党的建设总要求，乘风破浪、逐梦笃行，推动承载中国人民伟大梦想的航船破浪前行，胜利驶向光辉的彼岸！

后　记

　　本书以港珠澳大桥的筹备期和施工期海事局大桥办的安全管理和保障工作为主体内容，旨在讲述海事局大桥办的工作历程，同时对一直以来指导、关心、支持我们工作的各级领导和兄弟单位致以诚挚的敬意和谢意。

　　感谢部海事局、广东海事局和各相关单位对工程的水上安全工作给予了高度的关注，从政策、资金、人员和技术等各方面，为大桥办提供了全方位的支持和保障。各级领导的持续重视和推动，是我们做好工作的前提。

　　感谢广东海事局各处室的同事们，对我们的工作给予了必要的支持，感谢香港海事处、澳门海事及水务局、深圳海事局、广州海事局、珠海海事局、东莞海事局、中山海事局、南海航海保障中心、广州航标处、广州海事测绘中心等单位组成的专职队伍，让工作得以有序推进和落实。

　　更要感谢大桥办的每一位"战友"，他们是来自不同单位的精兵强将，因为这一场超级工程的"水上交通安全守护战"而集聚在一起，在重压和责任之下，他们铭记"敬业、工匠、团队"三种精神，在这场艰难的"战役"中敢于担当作为、勇于攻坚克难。

　　同时，也有赖于业主单位和参建单位的信任，与我们密切配合、共同努力。"我们拥有同一个目标，我们是一个团队"，这样一句真诚的评价，是业主和参建单位对大桥办深度融入工程、服务工程的衷心感谢，这也是对我们九年工作的肯定。

　　港珠澳大桥顺利通车，其中有海事人的一份奉献，一份荣誉。而这并不代表着结束，而是意味着全新的起点，海事人将带着这份宝贵的实战经验和攀登新高峰的使命，在前行的路上迎接新的挑战！